プチ修行

小栗左多里

幻冬舎文庫

はじめに

修行。

なぜ、修行がしたいのか。

私の場合はたぶん、幸せじゃないと感じる瞬間があるからだと思う。普段は穏やかに暮らしているけれど、いい年してグズるし、たまに、嫌なことや辛いこともふってわく。そうすると仕事も手につかないし、やさぐれて寝てしまったりする。そして次の日、「なんて自分は人間ができてないんだろう」とまたさらに落ち込むのだ。

「きっと修行をすれば、何事にも動じない人間になれるに違いない」

「そんな人間になれば、苦しみがなくなるだろう」

苦しみがない……なんて素晴らしい世界なんだろう。

それを「幸せ」と言うのではないか。

そう、結局私はもっと幸せになりたいのだろう。修行すれば、幸せになれるのではな

あるいは「自分には何かが足りない」という思い。しかしこの「足りない」感は、「だから自分は幸せでないのでは」という気持ちに通じているように思う。

修行すれば、「足りる」のではないか。そして幸せになれるのでは……。

そんな野望を胸に、実際にいろいろとやってみた。

その時の様子と、感じたこと。

ほんの入り口に立ったくらいですが、書いてみました。

修行の世界、興味はあるけれどちょっとドキドキ、という方のお役に立てれば幸いです。

はじめに …… 4

CHAPTER 1 瞑想 Meiso …… 11

「解脱な自分」を目指して …… 12
先生、大丈夫？ …… 15
レッツトライ、レッツ半眼（はんがん）！ …… 31
修行の第一歩：眠らない …… 34
解脱界のマナー破り …… 38

CHAPTER 2 写経 Shakyo …… 43

命懸けの修行　午前中のお出かけ …… 44

Contents

Chapter 3 座禅 Zazen
友情出演する坊主とネタ帳をもつ坊主 …… 46
煩悩ってやっかい …… 49
マイ・フェイバリット坊主 …… 65
「来るな」初めての修行拒否 …… 66
名乗るほどの者ではございません …… 68
…… 71

Chapter 4 滝 Taki
…… 85
なぜに人は滝に打たれるのか …… 86
神様が与えた試練 …… 88

Chapter 5 断食 Danjiki ... 111

修行って、M的状況？ 摩訶不思議な健康診断 ... 112

前途多難の滝修行 ... 92

Chapter 6 座禅 part ❷ Zazen ... 143

断食の成果、ここに現る ... 144

まだまだ続く「帰れ攻撃」 ... 146

フリースは、防寒具にあらず？ ... 148

座禅道場の主要人物をマークせよ ... 150

摩訶不思議な健康診断 ... 115

CHAPTER 8 内観 Naikan

2泊3日の内観修行 …… 214

…… 213

CHAPTER 7 お遍路 Ohenro

…… 181

たった一人の船出 …… 161

未だ続く「フリース」への嫉妬 …… 174

リーダーの裏切り!? …… 156

覚悟を決めて、「警策」を志願 …… 154

嫌がらせ? それとも修行? …… 152

節約プレイ? …… 176

疾(やま)しいことはございませぬ……215
内観業界不和説……217
していただいたこと、して返したこと……219
屏風デビュー……223
指令！　階段は一段抜かしで……228
見直したぜ、先生……232
問題勃発！　先生 VS. 小栗左多里……235
よりよく生きていくために必要な情報……237
先生、撹乱作戦……240
厨房にもの申す……244
みんな、ありがとう……246

おわりに……251

CHAPTER
I

瞑想

Meiso

「解脱な自分」を目指して

瞑想だ！

瞑想がやってみたい！ と昔からやみくもに思っていた。

瞑想。それは「深く物事を考えられる自分」になれそうな響き。それでいて身近。でも続ければ「いつも平常心な自分」というワンランク上にもいけそうだし、その延長線上に「なんか世の中のことがわかっちゃう自分」もありそうな、私にとっては魅惑っとして「解脱な自分」!? と、のっけから妄想も勢いづくような、私にとっては魅惑の単語だったのだ。

早速、その勢いにのってインターネットで検索してみた。うーん。瞑想って、結構いろんなやり方があるんですね。

そしてそれぞれの流派が「私ら、一番いい瞑想してますから！」と主張している。難しい。どうやって選べばよいのか。すごく迷ったので、思いきってデタラメに選んだ。というのは嘘で、吟味しました。

ポイントは三つ。

1　瞑想の方法

何かを思い浮かべながら、それに集中していくという方法、何かを唱えながら心を無にする方法、あるいは雑念がわいてもそれに気づけばOK、などいろいろなやり方の中から、よさそうなものを考える。

2　宗教に勧誘されなさそうなところ

瞑想は古代仏教から生まれたものであるだけに、宗教とは切っても切り離せない仲。だから、宗教的な用語が出てくるのは当たり前だが、新興宗教、特に「カルト」と言われる団体も信者獲得の入り口として瞑想を使うこともあるらしい。「瞑想するついでに入信もしたいな」と思っている人以外は、興味をひかれる会があったらその

気が遠くなるほど沢山の会があります

の名前を検索し、どこかで問題を起こしてないか確認してから行った方がいい。

3　一日体験できるところ

宗教でなくても何かに勧誘されそうかどうか、というのは結局行ってみないとわからないし、瞑想そのものもやってみないと自分に合っているかわからない。それなのに最初にお金をたくさん払わなければならないところもあるので、まずは低料金かつ日帰りで参加できる会を探す。

泊まりだと、必ず何かを飲んだり食べたりしなければならない。だけど「よく知らない団体から出される物は食べちゃいけないんだ！」と、私の旦那トニーは力説しておりand。ごもっともでございます。

という点に気をつけてサイトを渡り歩き、私は一つの会を選んだ。そこで行われているのは「ヴィパッサナー」という瞑想法。

サイトを読んだ時点で、「サティ」とか「気づき」とか、専門用語っぽい単語がチラ

ホラ出ている。き、危険……？

しかし、そもそも瞑想法の名前も「ヴィパッサナー」だしなあ。それってどこかの教団でいただける新しい名前に似ているね、いやいやこれは仏教用語なんだから大丈夫。何しろ、ブッダが解脱したのがこの瞑想らしいし。と自分に言い聞かせ、「一日瞑想会」に参加することにした。

さて、大丈夫なのか私。それに「ここなら大丈夫」と思った自分の目が正しいのかも、試される時だ。負けられん。勝手に勝負を設定しつつ、私は会場へと向かったのだった。

先生、大丈夫？

瞑想会が開かれているのは、市民センターの一室。にぎやかな街だし、かなり大きなセンターで人も多く、開放的な雰囲気。受付で聞いてみると、その会は和室でやっているという。行ってみると、20帖くらいの部屋と隣に6帖、それに廊下などもあって結構広い。大きな部屋の畳には白い座ぶとんがなんとなく列になるように並べられていて、前方の中心にも座ぶとんが置いてあり、座ぶとんのすでに10人以上の人が座っている。

CHAPTER I 瞑想 *meiso*

横(向かって右)にはホワイトボードが立っている。部屋の片隅には座卓が置いてあって、スタッフらしき若めの男女3、4人が静かにてきぱきと受付をしたりしている。私も受付。あら、名前と住所を書かねばならない。

なんで？

「あのー、なんで住所書かないといけないんですか？ こんなの書いて後で勧誘とか、面倒くさいことになるんじゃないでしょうねえ？」とはまったく言えず、思いっきり書きました。引越前の住所を。いや、引越したばかりなんで許して。

普段なら「書きたくないんですけどー」くらいは言えるんだけど、この時はなんか抵抗できなかったのだ。だって拒否して瞑想体験できなかったら嫌なんだもん、せっかく来たのに。そういう心が相手の思うツボなのか!? あぶない!!

気を取り直しておざぶの上へ……。全体が見渡せるよう、後ろの

方に座る。気がつくとどんどん人は増えてきていて、もう30人ほどになっている。意外と、中高年の男性が多い。

会場の成分は、おじさん45%、おばさん25%、お姉さん20%、お兄さん15%といったところで5%はみだしてしまった。はみだしつつ前方を見ると、いつの間にか男の人が座っている。白いTシャツに、白いトレパン。パンツでもスラックスでもなく、明らかにトレパンである。

Tシャツの胸には黒いマイクをチョロッとつけて、コードの先のMDらしきものを手に持っている。正面には小さなノートブックパソコン。なんか今ドキだなー、って、そんなことよりその男の人の顔色が悪い。なんか茶色っぽい。そして体ガリガリ。鶏ガラのようだ。ほっぺたなんて目の下で「ベコン」ってへこんでいる。この人が先生なのか。

「この会場の中で、病院から抜け出してきた人が一人います。さて

座布団二つ折り

先生の様子

CHAPTER I 瞑想

「それは誰?」というクイズがあったら、ぶっちぎりで一番人気になりそうなんだけど。そんな先生に習って大丈夫なのか。ひょっとして人間、解脱すると色が変わるのか。真剣に観察していると、先生の話が始まった。

「皆さん、こんにちは……」と話し始めた先生の声はちょっとハスキー。そして時折、喉の辺りをつまんでいる。先生、辛いのだろうか。

そんな私の心配をよそに、先生は淡々と「どうして苦しみがあるのか」「苦しみをなくすためにはどうしたらいいのか」などについて、仏教用語を使って話している。仏教用語を使っているといっても、法事なんかで聞く「坊さんのちょっといい話」という感じで、特に抵抗もなく聞ける。

「不善心所」というのが悪い心で、これがあるために怒りや嫉妬などが起こるのだ、これをとめて心を清らかに生きよう、というような感じ。

私がなるほどと思ったのは、これ。

「私達は、事実を脳内で編集し、反応している」

つまり、起きた事実に対して勝手な意味付けをしているのは私達。あるいは脳内編集によって、事実を歪めてしまっているのではないか。その通り！ と、山田くんに頼んで座ぶとんをもう一枚あげたいくらい同意。

確かにそうだと思う。ただ私は、だからこそ本当のところはどうあれ、起きた事実を肯定的に受け止めれば気持ちよく毎日が過ごせるし、さらに気持ちがノッてくれば、本来自分ができなかったようなことまでできるのでは？　という、世にいう「ポジティヴ・シンキング」的考えである。

でも先生は、「起きた事実をただ事実として認識することが大切」であり、「ヴィパッサナー瞑想は、その訓練である」という。「ヴィパッサナー瞑想」は「気づきの瞑想」と言われており、瞑想をしている途中で雑念がわいても無理に払うのではなく、「雑念がわいた」と認識する。認識することによって雑念をストップさせて、また瞑

CHAPTER I　瞑想

想に集中するという方法である。
具体的な方法は後で書くが、先生いわく「事実確認に徹すると、エゴで反応することがなくなる。そうなると、あらゆることに対して受容的になる」らしい。この状態が、「苦しみがなくなる状態」という話だ。

しかし、これは同時に「喜びもなくなる」ということでもある。事実に対して自分の感情を起こさないようにするということは、感情の振り幅が狭くなるということ。簡単に言うと、結局はそれが「解脱」の状態である、っぽい。確信は持てない。チャンスがあったら先生に聞いてみよう。

会が始まって1時間ほどが先生の講義と簡単な質疑応答で、それからいよいよ瞑想の実践に入る。

「まず歩く瞑想から教えますから」

瞑想って、座ってやるものしか知らなかったけど、歩くなんてのもあるのね。

それにしても先生、ほっぺたがマジへこんでるよ。私は先生のすぐ前に立っていたので、顔がよく見えるのだ。もう少し栄養とった方がいいんじゃないだろうか。何食べて

るんですか。とか考えている私は、こんなに集中力ないのに瞑想なんてできるのか。

心を入れ替えて真剣にやり方を聞こう（しかし私の説明では多分言葉が足りないと思うので、正しい瞑想の方法は、興味を持たれたら各自調べてください）。

道場やぶりのような人

レッツトライ、レッツ半眼！

次に「立つ瞑想」の説明。これは時間がないので説明だけ。左右の足の裏の、どこか1点を決めてそこに集中する。例えば「左のかかと」にしたなら、そこに圧力がかかっていることを感じながら「圧、圧……」と確認。

これは目を閉じられるので集中しやすそうかな、と思う。

最後に「座る瞑想」。一応足の組み方を説明されたが、あまりこだわらないとのこと。両足とも腿に上げて組めればそれに越したことはないが、片足でも可。優しいのね。お言葉に甘えて、私、片足だけのっけましょ。そしてお尻に座ぶとんを二つ折りにして敷く。ちょっとお尻を高くすることで膝が床につくので、安定するのだ。

そして「座る瞑想」の場合は呼吸に集中する。呼吸というか、それによって起こる胸、またはお腹の「膨らみ」「縮み」を意識するの

CHAPTER I 瞑想 meiso

だ。

先生は腹式呼吸がわかりやすくてオススメ、ということだったので私も腹で呼吸にトライ。私は部屋の中央に向いて座ったが、何人かは壁に向いてスタート。これは一列ではなく、自由に散らばって集中しやすそう。

でも座りは目が閉じられるだけに、歩くより集中できそうである。といっても眠くなっちゃうのかな。

確かに壁の方が集中しやすい。

答え‥なります。余裕で、なります。

じゃあせめて、眠くなる前に集中はできたのか。

答え‥できません。

詳しく言うと、集中はしやすいんだけど、相変わらず雑念入道雲は私の青空よりも大きく盛り上がってしまうので、サティしまくっているうちに、その激しい戦いから逃げるかのようにあっという間におねむがきてしまうのです。

眠気がきたら「眠気」とサティを入れろ。そしたら眠気が吹っ飛ぶことも多いらしいです。よーし！「眠気、膨らみ……、ちぢ……、はっ、眠気」点々のとこ、意識不明です。全然だめじゃないか！

そうだ、先生はこう言っていた、「目を閉じると眠くなりやすいので、薄く開けて、自分の足よりちょっと先を見るのがよい」。レッツトライ、レッツ半眼！

うーん、やっぱり前に座っている人が視界の隅にはいるなあ。でもしばらくやってみよう……はっ、眠気。

思うにこの薄目、「寝る直前の人の目」にそっくりである。超スムースに入眠OK。ああ、もう少しできるヤツだと思ってたぜ自分……。でもでも、ゆうべも仕事しててあんま寝てないしな〜、はっ、言い訳。

今この瞬間、私が地球上で一番「解脱」から遠い人間かも。遥か

CHAPTER I 瞑想 Meiso

なる、マイ修行道。気が遠くなる頃、やっと瞑想タイムが終了。「やっと」って。

修行の第一歩：眠らない

20帖の和室に移ると、先生が一人一人に感想など聞いてゆく。みんな口々に、「雑念がわいた」とか「やり方が合っているのかどうかわからない」とか言っている。私だけではなかったのだ！　うれぴー。嬉しさで、のりピー化現象を起こしていると、私の番に。「私はすごく妄想する人間なので、大変だった」と告白。先生の答えは「大丈夫。最初は誰でも妄想してしまいますから。まず、それに気づくことが大切なのです」。マンモスうれぴー。

しかし。「この瞑想を続けた人から、妄想することをやめて集中力が増したので仕事の効率が倍になった」とか、あるいは何が起きても落ち着いて対処できるようになったという話をよく聞く」という話もしている。

どうも聞いていると、結局「余計な妄想をするから、苦しみが生まれる＝苦しみをなくしたければ、日常で何かあった時、妄想している自分に気づいて〝妄想〟とサティを

入れて、それをとめろ」ということのようだ。

そうすれば、必要以上に思い悩むこともないし、何か事故みたいなことが突発的に起こっても落ち着いていられるようになるみたい。実際、ずっとこの瞑想を続けている人は日常生活でもよく「妄想」とか「触れた」とかサティを入れているらしい。そうなのか――、うーん、ちょっと待って！

妄想するたびに妄想をとめるなんて、困るなあ。あたしゃ妄想でオマンマ食ってる人間なんですよ、って今度は浅香光代だ。

で、先生に「料理する時や、仕事で企画を考えるのも妄想してると思うんですけど、それもダメなんですか？」とすごーく遠回しに聞いてみた。

すると「そういうのは仕事だから大丈夫です」という答え。でも、日常的にサティを入れ始めたらというか、この瞑想を続けていったらどうしても少しでも入れてしまうと思うんだけど、私の場合、仕事に支障があるんじゃないのかなあ。誰だってそうかも知れないけど、私は常に何かを考えてるし妄想してるし、しかしそれがどんなにくだらないものであっても、そこからネタが生まれることがよくあるのだ。というよりはそうし

CHAPTER I 瞑想 meiso

ていないと、漫画が描けない。

でも、もし妄想している最中に「はっ、妄想」といって妄想をとめてしまったら、広がるものも広がらなくなるのでは？　今でさえ、でっかくないスケールが、マッチ箱に!?　いや地球を救おうとか人間の存在とは、なんて話を描こうと思っているうちに、1時間とちょっとではないけど、うーん、不安だなぁ……。と妄想を掻き立てているうちに、1時間とちょっとで感想と質問タイムが終了。「では、最後にまた瞑想しましょう。各自、自由に好きな瞑想をしてください」ということで、また1時間弱、瞑想というか私の場合、戦いに入ることになった。

私は毅然（きぜん）と、「眠らない」という非常にレベルの低い目標をたて、「立つ」か「歩く」にしようと考えた。そして、やったことがなく、かつ目を閉じて集中しやすいと思われる「立つ」に決定。その場に立った。

「圧、圧、圧、ガサゴソ、音、ヒタヒタヒタ、誰か歩いてる、雑念、圧、床（私のいたところは板の間だった）、冷たい、雑念、圧、集中しにくい、雑念、圧、床、飽きてきた、雑念、飽きた」怖い。自分が怖い。骨の髄までダメ人間ではないか。なんだ飽きたって。

でも、自分のかかとの圧されている感覚に集中するって、ほんと難しい、言い訳。いいや、歩こう、決心。

やっぱりなんか動作してた方が集中しやすいんだよ、雑念。

「離れた、移動、着いた、前方に座る瞑想の人が、雑念、でかいなあ、雑念、ラグビー、妄想、移動角刈りキャプテン妄想ざぶとん雑念着いたよろめいた先生何してんだろ雑念パタパタ音栄養雑念」案の定脳内ヒートアップ。休む間もなくて辛い。外から見たら、ものすごく静かにゆっくり歩いている人なのに、脳みそは汗をかくほど激しく動きまくっている。いや集中だ、集中するんだ、集中、移動、移動、歩き……疲れた

……座る瞑想にしよっと。

座るための座ぶとんを取る時も「腕を伸ばす」「曲げる」「しゃがむ」とサティ入れつつ、ゆっくりゆっくり。向かいからも誰かやってきて、座ぶとんを挟み、超スローモー人間の出会いがそこに……。客観的に考えると笑ってしまいそうになるので、クールに「座ぶとん」とサティ。間違っている気がする。座ることに集中しつつ、部屋の中央に向いて座る。様々な瞑想をしている皆さん。先生も座る瞑想をしている。先生の目が開

いているのかどうか確かめようと思ったが、なぜか先生は茶系サングラスをかけて立川談志的形状になっており、よく見えなかった。
そしてその後私は……えーと、ここから先は事情により割愛。瞑想しに来てデジャ・ヴを体験した、とだけ報告します。

解脱界のマナー破り

さて、無事に瞑想会が終了。ゾロゾロと廊下に出る。先生も出てきたので質問をしに行く。

「先生！ あのー、もし解脱したらですねえ、感情の幅がなくなってくるんですよねえ？ ということは『自分』がなくなるってことで、そしたら『生きている意味』ってあるんでしょうか？」「うーん、そうですねえ、私の知っている解脱者は『穏やかな喜び』だけが残ってるみたいですねえ、みんな」笑顔で先生は語る。

「じゃあ、もんのすごい苦しみやドロドロを受け止めるから、突き

（どっちの座布団とろっか）
人間
スローモー

抜けた喜びも感じたいって思えば、それでいいんですか?」
「うん、そうしたければそうすれば？ って感じだねえ。なに、小栗さんは解脱派なの？」
「げ、解脱派って……」派があるのか？ 周りでも笑い声が起こる。
「いやー、私、解脱するのは無理だと思うんですけどー……」と言いつつ、これぞ肝心な質問。
「先生は解脱してるんですか!?」
「そういう質問はしちゃいけないことになってるの」
「ええーっそうなの？ それが解脱界のマナーなの!?」
「そういうことはね、"あなたの年収幾らですか?"って聞くのと同じようなものだから。もっとね、遠回しになんとか聞き出さないといけない」
そうなのかー。プライヴェートな問題なのね。後から考えたら、
「先生に "苦しみ" はないんですか?」って聞けばよかったな、と

Chapter I 瞑想 meiso

反省。

それにしても、常に穏やかで話し掛けやすい先生だった。「自分はこんな修行をした」と自慢するわけでも、瞑想がうまくできない人を叱るわけでも、何かに勧誘するわけでもない。純粋に瞑想のよさを広めるために生きている、そんな感じ。

常連さんも、「信者」という感じではなく、まったくの「常連さん」ムード。全体的に平和だ。ちなみにサングラスの理由は「ドライアイだから」ということでした。「ドライアイ」は瞑想では治りません。

ということで、無事に家に帰ってこられた私は、自分の「見る目勝負」には一応勝った。

しかし、妄想をストップさせてしまうかも知れないという瞑想は、じゃっかん私には合ってない予感……。これで一勝一敗。だが、勝ち負けにこだわっていて解脱ができるかと自分に言いたい。

この後の食事会にも参加

先生はグラタンを食べていた

とーだとーだ先生油分をとるといいよ

この瞑想、私には続けるのが大変そうではあるけれど、帰ってきてしばらくはサティを入れてしまった。なんかクセになるというか、それだけインパクトがあったということなのかなあ。

常連さんは、1週間の合宿の最後に「"あ、これだ"ってコツがわかった」と言っていた。多分私はそこまで続けてできないけど、その後も眠れない夜などに時々やってみることがある。やっぱり長く続けることはできないけど、逃避したいせいか、少し眠くなる。

なので、役には立っているかも知れません。

この日一番ウケた質問

優しそうなおじさん

私、周りの人を嫌わないように嫌わないように頑張ってきたのですが
最近…私が周りに嫌われてきたような気がするんですが
…どうしたらいいんでしょうか
あはは!!

CHAPTER I 瞑想 meiso

瞑想を終えて

本気で、気が狂うかも知れないと思った。真剣にやろうとすればするほど、一瞬たりとも休まず「サティ」を入れ続けなければならない。一瞬たりとも休まず雑念がわいているから。

それに同時に二つ三つのことを捉えていたりもする。皆さんも、この本を読んでいる今、本のまわりの風景だって目の端で捉えているだろう。机。ライト。リモコン。足かゆい。そういう何気なく感じていることをすべて自覚し、「雑念」と確認していくのはかなり大変な作業。

この瞑想が「わかる」までやるのは、私にはきっと無理だろう。瞑想のやり方はほかに「大きな円を思い描く」とか「宇宙と一体に」というのもあるのだが、たまに現実より瞑想世界に浸り続けたくなる「瞑想病」になる人もいるらしいので要注意です。

Chapter 2

写経

shakyo

命懸けの修行　午前中のお出かけ

その朝、駅に降り立った私は、大きな不安を抱えていた。

原因はタイ料理である。

ゆうべ、私は久しぶりに新宿でタイ料理を食べた。私は辛いものがそんなに得意ではない。

そして、昨日のタイ料理は辛かった。一口食べ、瞬時に私の舌は「日本人向けにあんまノーアレンジ」な状態をキャッチした。それで最初から「辛〜っ辛〜っ」と舌を出していた。なのに。なぜだろう。気づくと……辛くなくなっていたのだ。

カレーやパパイヤのサラダなど何もかも、普通の料理と同じように味わえる。こんなこと初めて。ひょっとして舌の臨界点を超えたのではないだろうか。

そう思いつつ、私よりずっと辛いものに強いトニーでさえ眉間(みけん)に

タイカレーはおいしいな

春雨のサラダは私には辛すぎ…!!

特にナス

皺を寄せながら食べるような料理を、私は快調にバクバクとたいらげたのであった。おいしかった。

ところで仏教には「因果応報」という言葉がありますね。実にこの世界をよく表していると思います。「原因があれば、結果もある」……もしかして解釈が間違っているかも知れないが、なーにそんなこと問題ではない。今、ここに私が抱えている危機。それこそが大問題なんである。そう。なんとなく、お腹が痛いのだ。ヤバい。

今日は写経がメインなのだが、月に一度の法話もあるということで、頑張って早起きしてやってきた（といっても10時なのだが、超夜型の私にとっては「午前中のお出かけ」はそれだけで命を懸けた一大事業である。っていうのは嘘だけど、嘘をつくほど辛いという心情、すでに修行、ってハンパなラップ調Yeah！）。

皆さんが気づいているかどうかわからないが、私は軽くアホなので法話を聞かなければならない。しかし、途中で気軽にトイレに行けるのか、いや何より、今は「なんとなく」のこの痛みがこの先「とんでもなく」になるんじゃないかという心配でいっぱいである。

CHAPTER 2 写経 shakyo

だってなんか、さっきから「あつっ」とか「いたっ」というような腸の叫びを感じ始めているんだもん。と、ちょっとかわいらしく言ってみたところで、何になるのだ。何にもなりゃしねえ、プッと爪楊枝を吐き出し（あくまでもイメージ）、私はいさぎよくお寺に向かった。

友情出演する坊主とネタ帳をもつ坊主

自分が今書いたことを覆すのもなんだが、そこはお寺といっても、ビルの一室であった。

本堂を新しく建て直しているらしく、1、2年ビルに間借りしているらしい。しかしそうは言っても中に入ると、なかなかに寺ムードあふれる空間である。小さなホールくらいの大きさで、正面左寄りに大きな仏像がどっしりと置いてあるし、障子があったり畳が敷いてあったり赤い布が貼ってあったりと、完璧和風にカスタムずみ。部屋の左の壁沿いに、一列に二人座れる机が5列並べられていて、写経はその机で椅子に座ってやるらしい。その右側の空間、仏像の正面にあたる辺りに木のベンチのような長

い椅子が5列くらい並んでいる。50人はラクに座れるくらいの広さだ。

私は爆弾を抱えているので椅子の端っこに座りたかったのだが、結構人が来ていて、もう端は空いていなかった。無念。椅子はベンチ状だから、トイレに行く時は人の前を通っていかねばならない。ほんのりダークな気持ちになりながら待っていると、お坊さんが現れた。

まず若いお坊さんが、たまたま今日ここに寄ったということで、少し友情出演していくらしい。この人、まゆげくっきり目くりくり笑顔全開。言葉が明瞭で話もうまい。

さっきまで自分の子供が夏に朝顔を育ててた、と語っていたと思ったら、

「私達も花なんですね。一輪一輪、綺麗に咲いてますけれども、その後ろには葉も茎もあるわけです。周りの人に感謝、御先祖に感謝、

CHAPTER 2 写経 shakyo

忘れてはいけません)」などと有り難（がた）い話になっている。聞いている客は、といっても「客」かどうかわからないけど（法話聞くのはタダだし）、「本当よね〜〜〜有り難や」な波に揺られている。30人以上いた客はやはり高齢者が多いが、夫婦で来ている人も結構いるし、30代くらいの人も少しいる……って、周りを観察している場合ではない！　私にも波がやってきた。ここまでなんとかもっていたけど、やっぱりダメだ。お腹が痛い。

その痛み、トンデモ級。しかし周りは人に囲まれているし、アホ脱出のために法話も聞かなくては。なのに。猛烈な痛みが。ピンチだ。何気にオグたん大ピンチである。

思えば、普段の生活で会議も接客もない私は「○○しなければならないのに××が痛い危機」なんてなかったのだ。ああ、これこそ有り難い話だった……なんて合掌している場合ではない。舌の臨界点を超えれば腸の臨界点も超えるのだ。「辛み」とは、実は味では

なく痛点で感じる「痛み」らしい（これ本当の話）。そんなトリビアを体で実感しつつ、意を決し、「すいません、ちょっと通してください」と恐縮しながら外へと脱出。というかトイレへ直行。

煩悩ってやっかい

さて。私も年を取ったとはいえ女子の一員なので、美しい表現を心掛けようと思うが、しかしそんな必要もないほど普通のトイレタイムであった。

とはいえ結果として戦いに勝ったので、個室から出て手を洗う段にはもう鼻歌まじり。ごきげんなまま、法話の会場へ再び滑り込む。

すると坊さんが代わっていた。

そしていきなり読経が始まった。経本は持っていないので、手を合わせてお経を聞いていると、隣に座っていたおばさんがそっと見せてくれた。おお、ここに仏が。さすが寺に来ているだけある。ビ

CHAPTER 2 写経 shakyo

ルだが。

さて、読経が終わり、法話の本番開始。今度はいつもここで話をしている人らしい。このお寺は本山が関西にあるとかで坊さんも関西弁である。

しかしこの坊さん、しゃべるしゃべる。関西弁だから、というのではなく確実に芸人気質。必ずオチを言わないと気がすまないらしく、

「位によって袈裟の色も変わります。黒から始まって緑、赤ときますけど、しかし赤になるとね、先が見えてるんじゃないかと。人間成長中がいいんじゃないかと思いますね。ま、私は"あの着とけ"って言われましたけども。へえ」

てな感じである。しかし聞き続けていると、なんだか町内会のおっちゃんに見えてくる。

「修行中は上に怖い人がいて随分叱られてね、もうその方亡くなり

ましたけど、今でも夢にみる。パッと目覚めて"あー死なはってよかったな"とね」

「お彼岸は7日だけですのでね、もう15年も20年も同じ話しております」……どう考えても目的は「笑い」でしょ。

そして「家庭がうまく機能していない」「非行と母子家庭には関係がある」なんてことまで言いだす始末。ひっくるめすぎ。

坊さんが生徒で私が教師だったら「次の授業は国語でしたが、急きょホームルームにします。みんなわかっていると思いますが、さっきの坊主くんの発言です」というような事件ですよ。

それにこの人の話、あっちこっちにいったまま帰ってこなくてまとまりがない。だいぶ時間もたって、黄泉の国に連れていかれている人もチラホラ出てきた。

でも言葉と言葉の間も開きがちになってきたし、そろそろ終わってくれるかな……？と思ったら、坊さんは手帳を取り出し、それを見ながら「そうそう、ちょっと前に私がねぇ……」と話し始めた。ネタ帳かよっ！　芸人決定。

それから本堂の建て替えについても話していたけど、この「寺建て替えの件」につい

Chapter 2 写経 shakyo

てちょっと一言よろしいかしら（ｂｙデヴィ）。お金持ちの檀家がたくさんいる寺、または、儲けている寺が建て替えに何億使おうと構わないけど、どこもが必要以上に豪華に造る必要はないんじゃないでしょうか。神様仏様が「もうちょっとゴージャスじゃないとなー」なんて言いますか？　それなら俗世間にいる人間とあまり変わらない。信仰する意味はどこにあるのか。

小さい寺でもみすぼらしくても、信仰心があふれていれば、喜んで神様はそこにいらしてくださるのではないのか。私はそう信じてるんだけど。特に観光地でもないお寺なのに何億もかけて、そのために「一軒百万円以上でお願いします」という寺。許せん。

しかもお堂綺麗にするついでに自宅もやっちゃう、ちゃっかり坊主も。

なんだその10帖ある素敵な玄関は！　うちんとこの分、この2帖分かえ!?　なんていう思いも芽生えるってもんですよ。これで説教

もヘタだったら目もあてられませんわ。
ああ怒ってしまいました、やはり私には修行が足りません。まあしかし、お坊さんも結構普通の人が多いんだなあと。修行していても、俗な部分ってなかなか捨てられんだなあ、というようなことも、これからの経験で私は知っていくのです。
煩悩って、やっかい。

CHAPTER 2 写経 shakyo

写経

長い長い法話が終わり
みんなすぐ帰るのかと
思いきや

あちらにお茶を用意してますのでどうぞ

なんと抹茶が
いただける
らしい

赤い

その時

もー随分
人が
座ってるし…

オイデ
オイデ…

入れないかなぁ？

CHAPTER 2 写経 shakyo

写経セット

輪袈裟

経本

↑
経本と輪袈裟は後で返却

写経作法

般若心経

2千円払うと

ではこれをお持ちください

どこでもお好きな場所でどうぞ

今日は午前中法話があったので混んでいるかと思っていたのだが

ガラーン

では、と…

ガタ

ここは机とイスを使う

CHAPTER 2 写経 shakyo

CHAPTER 2 写経 shakyo

またまたお茶と特製らくがんが!!

おぅ

本日2個め…

写経しにきて太るかも…?

でもいただきました

もちろん.

さて写経といえば「誰かの供養のためにやる」というのをよく聞きます

私はやっぱりお父さんだな

お父さんのことを考えつつ…

思い出しつつ…

始めてみました

CHAPTER 2 写経 shakyo

最後には

般若心経
奉為 発菩提心 荘厳国土
為(お願いごと)
○○家先祖代々
菩提也など
住所
氏名
平成 年 月 日 納経第 巻目

私は
納経第一巻目

「百」になる日は
くるのだろうか

一日一巻(一回)が
基本なので

今日はこれで
おしまい

ここでは写経をすべて
奉納してくれるそうなので

置いてきた私の写経も
寺に保管されることでしょう

輪袈裟と経典を
返す時

お手本
いただきたいん
ですが…

と言うと

自分が使った
お手本の紙や
写経作法を
丁寧に包んで
もらえます

これがあれば
家でも
できる

うーん あっけなく終わったような…

でも書いた後奉納してくれるのが嬉しいし

父のために何かしたっていう充実感はあるなあ

自分の修行というより身近な誰かのために何かしたいという気持ちにいいかも知れません

それにしても「写経作法」の裏にある「般若心経」の意訳を読んでみると…

心にこだわるものもなく心にこだわりなき故に恐るるものとてなにもなく

こんな境地に到達する日はくるのか…!?

これが「悟り」なんでしょうなあ

なんかフテ寝

CHAPTER 2 写経 shakyo

写経を終えて

正直に言うと、写経そのものはあっけなく終わってしまった感じだった。とにかく字を写すという決まりがあるだけなので、途中で飲んだり食べたり、リラックスしながらでもできてしまう。そして「字を上手く書くこと」に夢中になる恐れも大あります。

そんな自分を自分で律しつつやらなければならないところが、逆に難しいような気もする。しかし筆で細かい字を書いていると、だんだん心静かにはなってくるので、供養などではなく自分の気持ちを落ち着けるためにやるのもいいかも知れません。

と書いていますが、何しろ私は1回書いただけ。100回やり終える頃にはまったく別の気持ちを持っているのではないかと思います。今は般若心経も最初と最後しかわからないけれど、お経の解説を読みながらやればその意味について考えられて、とても勉強になるのではないだろうか。お経に書かれていることは、ちょっと霞がかかるくらい遠い境地なんですが。頑張りたい。

Chapter 3

座禅

Zazen

マイ・フェイバリット坊主

「私、座禅がしてみたいんだけど……」と、ある日、友達の杏子ちゃんが連絡してきた。私が写経や瞑想をしているという話を聞きつけ、一緒に修行しようと思ったらしい。「ああ、座禅は前やったことあるよ」と答えると「いいなぁ。辛い？　何か変わる？」と興味津々の様子。

しかし私もやったとはいえ、10年近く前の話。しかも座禅が終わった時、「これからちょくちょく来たいと思ってますので、皆さんよろしくお願いします」と宣言したくせに、その1回でやめてしまったというだらしなぶり。

「せめて2回くらいは行けよ……」と我ながら苦笑いの深夜2時。歌のタイトル風にしてみたところで、しょうもなさはごまかしようもない。

しかしね、ここの住職、姿形は完璧で私が思い描く「マイ・フェイバリット坊主像」だったんだけど、座禅の後「懇親会」みたいなものが催されていたのでそれにも出てみたら、坊主なのに酒はもちろんタバコを吸っていたのでねえ。

それなら、昔タバコ吸ってたけど頑張ってやめた私の方が、煩悩1コ少なくない？　少なくない？　と詰め寄りたくもなりまして。この件に関しては私の方が彼に説教できるわけで。

そもそも私は「坊主」に対して期待度が高い。なぜなら、小さい頃から家族ぐるみでおつきあいさせてもらっていたお坊さん（「おっさま」と呼んでいた）がとても素晴らしい人だったからだ。お金を要求することもなく、ひとりひとりのために祈り、不思議な力を発揮した出来事も多く、生涯独身。なにせ「修行の邪魔になる」と若い頃、性的機能を失くす手術を受けたそうだ。もう亡くなってしまったのだけど、私の中では「お坊さん」とい

マイ・フェイバリット坊主像
頼れる感じ
特にマユ
首も太く

CHAPTER 3 座禅 Zazen

えばこの「おっさま」であるからして、「結婚している」と聞けば「あーそのくらいか」と思うし（今時結婚もしてないお坊さんは少ないけど）、「お酒大好き！」的発言をしていれば「好きなものをやめられてこそ人に〝心のありよう〟を説けるのではないのか」と考えてしまうし、タバコなんてあった、「ちょっとそこ座れ。正座に決まっとるやろ！」と体育の先生ばりに竹の棒かつぎながら睨みをきかせたい気分なわけです。

「来るな」初めての修行拒否

話がそれました。

で、10年ぶりに私も座禅に行ってみようと思い、新たにお寺を探したのです。そして、某有名寺で「一泊座禅会」があるのを発見。歴史ある寺で座禅……素敵っぽい。修行者としてワンランクアップの予感にあふれつつ、そのお寺に電話してみると……。

「今までに座禅したことありますか？」とおじさんがいきなり厳しい口調で。「えーと、私はありますが、もう一人はないんで、す、けど……」

「女性二人連れなんですか？ 困るんですよね。真剣に禅を学ぶ場ですから、友達同士

「いやキャーキャーはしないですけど……」

でキャーキャー来るようなとこじゃないんですよ」

「やめた方がいいと思いますよ。うちはもんのすごく厳しいんです。泣いて帰る人もいるくらいですから。特に初めての人なんて絶対無理です」……ほんと、もんのすごく厳しそう。他ではいただいたことのない「来るな」攻撃ですから。「それに最初に面接があります。それでお断りする場合もありますからね」

敷居、メチャ高。しかし、本当にそんなに厳しいのか。ちょっとインターネットで検索してみた。すると、体験入門した人の感想が幾つかあった。「1週間」のコースに行った人は「終わった時、"帰れる"と思うと嬉しくて涙が出た」などと書いている。泣くほどか。

でも1週間だしね。いきなりそれは無謀でしょーなどと思いつつ、また読んでいくと、そこに驚くべき情報が。

「朝食に出る沢庵を食べる時、音を立てたら怒られる」

ええ——っ! 沢庵って、沢庵って、あの黄色いやつだよね? 黄色くってさ、

CHAPTER 3 座禅 Zazen

丸くってさ、ポリポリってさ……音……音も食感のうちじゃないか。食感と修行は両立できないのか。私の人生の中で沢庵を無音で食べられた記憶はないんですけど。いやーこれは大変そうだ。できるのかしら。
しかし私の中では、むしろ「行かねば」という気持ちがさらに強まっていた。敷居と時給は高い方が燃える。なんて諺はないが。
まあとにかくこれくらい厳しい方が効果があるんではないか？　と思った。早速杏子ちゃんに提案してみる。
「沢庵を……音を立てずに？　そんな厳しいとこ自信ないよー」
彼女はちょっと天然っぽいというか、ポヤンとしたところがある。一生懸命やっているように見えるけど「ヘタレ」。いや「ヘタレ」っていうのは自分で言ってるんだけど、私が言うとひどい人のように聞こえて損なので「癒しヘタレ系」にします。「癒しヘタレ」は、しごきに耐えられるのだろうか。
でも私だって、厳しいところに行きたい気持ちはあるが、一人っていうのもなんだなー、と勝手に思っていたので必死だ。「大丈夫大丈夫！　1泊だし」こうして人が同じ

言葉を2回繰り返す時は怪しい。

しかし杏子ちゃんは気づいてないようなので、しめしめともうひと押し。「本来の修行は厳しいもんなんだよ」私がしたことなくても。

杏子ちゃんはしばらく考えた後、言った。「わかった、そこ行くよ。でもその前に、日帰りで体験できるとこに行かせて!」

よっしゃ! ほなどこ行きまひょーとまた調べて、比較的近い場所にお寺を見つけた。

名乗るほどの者ではございません

新しく見つけた座禅会は夜。最寄り駅で待ち合わせ、お寺へ向かった。住宅街をしばらく歩くと、コンクリート打ちっぱなしの柱に囲まれたお寺の屋根が見えた。どうやらものすごくモダンなお寺だ。本堂などは昔のまま残しつつ、周りの階段や庭を綺麗に造り替えてある。間接照明で木々も美しい影を揺らしている。思わず私はつぶやいた。

「檀家、一軒幾ら出したんだ……」

写経の章にも書いたが、お寺の改築には要注意! 好きなだけ出すならいいけれど、

CHAPTER 3 座禅 Zazen

一律に一軒幾らなんて勝手に押しつけられてやしませんか？　そんな心配がまた胸をよぎるほどりっぱな、というか今風の造りなのだった。

内装も、寺というよりは画廊。壁は打ちっぱなしで、ところどころに木も使ってあって「建築家がやりましてん」という主張満載。「檀家よ……」と思いをはせていると、名簿みたいなものに住所氏名を書くよう言われる。こういう体験に行くと、「まず名前を」と言われることが実に多い。なんでだろう。宗教関係だから？　私、名乗るほどの者ではございませんのに。どこの誰とは知らないが、思い立ったらフラリと来て、コトが終われば去っていく。そんな大人の関係でいいではないか。

嘘を書いたって確かめられるわけでもないけど、嘘も本当も書きたくないのよ。私は誰かに自分の行動を把握されるのが嫌ゆえに、これ以上カード社会になって欲しくない人間。現金万歳。それはともかく、こういう時に「そんなん書くのイヤ」なんて言ったら「じゃあうちではちょっと……　申し訳ありませんねぇ……」と、笑顔のまま出口まで優しく膝(ひざ)蹴りされそうな気がして、いつも何事もないように「はい！」と言って書いてしまう。

私こそヘタレか。ううん、そんなことないよね。あたいヘタレじゃないよね。自己弁護に夢中になっていると、奥へ通される。奥も綺麗よ。

しばらくして、所作を教えてくれるおじさんがやってきて、座禅堂へ。座禅堂といっても一つの広い部屋なのだが、ここももれなく綺麗。木が多く使われていて旅館みたいである。ところで所作を教えてくれるおじさんは、少し変わった髪型だった。私はそれがちょっと気になって……。困るのです。

わがままですが言わせていただきますと、座禅の一つ一つの動作を覚えるのはすごく大変なのです。いっぱいいっぱいです。だから教える係の人は普通の姿形でいて欲しい。よろしくお願いします。気を取られることが一つでも増えると、さらに大変なんです。

Chapter 3 座禅 Zazen

座禅会（日帰り）

初めての方ですね？

では所作を教えますのでそれを守って行動してください

こちらです

髪型…

クーラーききすぎ!!

この頃残暑だったのだが

え…？

寒いよね

こんな状況での座禅に疑問もあるが…

荷物はここに入れてください

これどう見てもカギないよね

みんなを信用するしかないって感じ

ここに限らず荷物置場にカギがない場合が多い
気になる人はせめてバッグにカギを…

座禅は動作一つ一つすべてにルールがある

まず座禅堂に入る時はこうして右手を上にしてください

```
┌─────────────────────┐
│                 入口│
│  ┌──────────┐      │荷
│  │          │      │物
│座│   □←仏像 │      │置
│禅│          │      │場
│堂│          │      │
│  └──────────┘      │←謎
│                     │
└─────────────────────┘
  ↑                ↑
ここに座って禅を組む  遅れてきた場合は
(壁に向かって)        ここ
```

CHAPTER 3 座禅 Zazen

ここを越える時は必ず左足からです

中では一列で音を立てずに歩きます

歩き出すのは右足から

気をつけることが山ほど

そして禅を組む席(単)へ

ざぶとん
坐蒲

この白い線が前です

かなりかわいい

そんなこと言ってる間もなく

回しながら形を整えて

ぎゅっ ぎゅっ

合掌して礼

右に回って礼

礼

座る時は
縁に手もお尻も
かけず
坐蒲の上に

レストランで
イスをひいてもらうより
気を使う

意外と高い

ぽすっ

ふう

ぱっ

こし

縁→

右回りで壁側に向く

くりっ

足の組み方は

結跏趺坐（けっかふざ）
（両方のせる）

半跏趺坐（はんかふざ）
（片方だけのせる）

どちらでもいい

手はおへその下あたりで組む
（法界定印）

CHAPTER 3 座禅 Zazen

ゆーらゆーらと揺れて段々と真ん中だという位置を決めます

例によって目は半眼

1mくらい先

そして座禅が始まった

間接照明っぽく結構明るい

まっ暗にするお寺もある

…ので周りがよく見える

キズ→

しーん…

このキズはどうやってできたのかなあ

誰か暴れた…?

私も今暴れたら大変なことになるのかな…

もうイヤだぁーっ

えーと
雑念が湧いてきたら
すぐに流して
何も考えず…

しかし寒いなぁ

夏なら
汗をダラダラ
流してやるのも
修行の醍醐味では
ないのか

今「醍醐味」って
言った? 自分…
レジャー気分だな

40分たつと

私のやることを
マネしてください

と言われて
いるので

ちょっと…

CHAPTER 3 座禅 Zazen

杏子ちゃん遅っ!!

はるかかなたー

しかし「受け入れる」というムードが漂っており怒られはしない

たぶんシビれている
歩く順番も決まっている
ほかの人みんな待ってるよ
杏子ちゃん以降団子状態で

続いて2回めの座禅タイム
今回はお手本のおじさんナシ
しかも先頭だった

仏像の前で手を合わせて
礼
えーと入る時は左足から
単の前でも
礼

5分休憩です

私はトイレへ

寒いの

なのに
いきなりもんでしまう

はっ

ぎゅっ
ぎゅっ

「合掌して礼」してない!!

覚えるの大変

そして座禅といえば

警策(きょうさく)

そう

喝!

うっ

ビシッ

というテレビでよく見るアレ

禅を組む前は

アレ受けてみようかしら…なんでも経験だしね

なんて思っていた私だったが

突然後ろの方で

ビシィィーーッ!

CHAPTER 3 座禅 Zazen

何!?今のが警策!?

フツーもっとビシッッって

軽やかかつ短いんじゃなかったっけ…!?

坊さん…本気だ!!

ジワ〜

明るいので影が見える

これが!!

警策は「注意」として打たれる場合と

自らお願いする場合がある

寝たり

グラー

お坊さんが自分のところを通るタイミングを見計らって合掌し頭を下げる

自らお願いするなんてとてもとても!!

バカとおっしゃいますな

それに頭さげてんのに見逃されたらどーする?

他の人もあまりやってもらってないし

勇気は出ない

2回めの40分ともなりますと

しかし!!

うっら…

はっ

くる!!アイツがやってくる!!

でも眠いんだから打ってもらいたい気もしないでも…

ビシィィィーン

いやああっ

どこかで誰かが!!

この繰り返しで時間を終えたのだった

CHAPTER 3 座禅 Zazen

座禅を終えて

印象に残ったのはエアコンですごく寒かったことと、とにかく綺麗な座禅堂（開店したての和風居酒屋にも似ている）。私の好みで言えば、もっとボロくていい。どちらかと言えば汗を滝のように流しながら、それに耐えたい。

でもここの座禅会は夜に行われているので、会社帰りにも「ぷらっと座禅」ができて近所にあったら便利だと思う。作法通りにやらねばと少し緊張していたのだけど、間違えても怒られなかったのは助かった。初心者に優しいです。しかし私はどうも「やり過ごす」ということが最大目標になっているようだ。それこそが最大の間違いではないだろうか。「怒られなければいい」、目的はそんなことじゃないはずなのに。

こんな私でも変われる日は来るのであろうか。暗くなってきました。いや、こんな私だからこそ修行を続けなければならない。警策だって受けなきゃいけないじゃないのか。わかりました。

こ、今度こそ……きっと。きっとお願いします！

Chapter 4

滝

Taki

なぜに人は滝に打たれるのか

滝に打たれる。……なぜ。なぜ。どうして滝なんかに打たれるのか。と、問い返したいところだ。しかし、考えてみれば「修行」と言われるものはみんな「なんでまたそんなことを」というような行動が多い。なぜ、あぐらを組んで何時間も目を閉じているのか。なぜ昼夜ぶっ続けで山の中を歩くのか。なぜ何日もご飯を食べないのか。お母さんに怒られるぞ。インドなんて修行の本場として「左手を一生上げ続ける」とか「転がりながら国中を回る」とか、凡人の私からすると「それ……意味あるんすか？」としか言いようのない人々がわんさかいると聞く。

ま、それに比べればね、滝なんてハムスターの黒目くらいのかわいさに思えるんですよ。でもねえ。「打たれたいか？」と聞かれれば、「うーん、微妙……」って感じ。私コンタクトだし。関係な

いのかな。それにもう秋だったし。結構寒かったでも友達の杏子ちゃんが「行ってみようよー」と言うので、ついつい「いいよ」と返事してしまったのだ。私も「へなちょこ」ではあるが「修行者」の端くれ、の、端くれあたり。滝があると気づいたならば、一度も打たれないわけにはいくまい。

さあ腹をくくったその日から、祈ることはただ一つ。「異常気象」。どうか滝に打たれる日が「天気予報史上初めての、秋の最高気温」になりますように。あー、どうも腹はきちんとくくれてなかった。いや、一回くくったけどヒモがほどけたっていうか。んー違うなー、腹だと思ったら、それは尻だった……っていうかそんなことはどうでもいいですよね。

とにかく「これ以上無理っすよぉ、一応秋ですからー」と、「秋」というのに言わしめるくらい暖かい日になりますように、もう呪うような気持ちで過ごしていたのです。というのも私は寒いのが死ぬほど苦手。この世の中で一番嫌いなものはシベリア寒気団なのだ。

なんで杏子ちゃんは夏に思いついてくれなかったのか。と、杏子ちゃんのことも呪い

Chapter 4 滝 Taki

かけたのだが、へなちょこ修行仲間の彼女は「私はすごくヘタレだけど、いんだよね。でもできるかなあ、無理かも」と意気込んでいるのかいないのかよくわからない決意を語ってくれたので、一緒に頑張ってみようと私も思った。つられ決意。まあきっかけがないとできないような経験だし。それにしても滝に打たれたら、何かさっぱりするのかなあ。体じゃなくて心が。どうなるのかという期待感で気持ちも持ち直しつつ、しかし「祈り呪い」しつつ、その日を待ったのだった。

神様が与えた試練

そして当日。真夏日になるわけはなかったが、一応晴れの予報が出ており、気温も20度は軽く超えるらしい。しかし油断は大敵。私は昔、山の上にある大学に通っていた。その頃住んでいた国立を出る時と、八王子の山上で感じる温度は明らかに山の中なのである。骨身にしみた。今回も、滝に打たれるということは山の中なのだ。いったいどのくらい冷えているのか……怯えながら、またまた早起き。家を出る前から修行。望むところでございます。それに「今日は修行に行く」と思う

と、結構朝から神妙な気持ちになって「虫がいたって殺生しない」とか「トニーに"ば か"って言わない」とか「足でドアを閉めない」とか、えーとこの辺は普段からやっち ゃ駄目ですね。

とにかく普段より少々「ちゃんとした感じの人」になって、出かけます。

それなのに。それなのに、駅であんなしょーもない出来事が待っていたとは……。

最寄り駅に着いたのは朝8時。休みの日なので、あまり人は多くない。（みんな寝て るっつーのに、こんな早くから私は……）と大きくわき上がってくる恐ろしい邪念を払 い、目的地までの運賃を調べようと券売機の上にある路線図を見上げた、その時。 前方で「おはよう」という声が聞こえました。「ん？ 私に言った？」と思って視線 を下にずらすと、そこに立っていたのは華奢な感じの白人男性。目が合ったので「おは よう」と言うと、「どこまで行くの？」と言うので「すーっごい遠くまでだよ――」 と私は低い声で答えた。「そうか、大変だねえ」と同情する様子の彼。いえいえ自分、 修行っすから。とは言わなかったが、なんとなく一緒に歩く感じになっている。

CHAPTER 4 滝 Taki

自動改札機を入った頃、彼は「ねえ新宿と渋谷、どっちが人いると思う?」と聞いてきた。
「え? どっちがって……そりゃどっちもいるんじゃないの?」
いま私は言った。
彼「今の時間だよ?」。私「んー、朝8時だからねえ……どうだろう。なんで?」。
「ナンパ」「ナ、ナンパか……」がくっ。そこへさらに彼が切なくつぶやく。
「セックスしたい……」おいお————い!! わしゃあなあ、わしゃあなあ、これから滝に打たれに行くんじゃ!! 神聖な場所に精神を鍛えに行くんだよー! そんな人間の前でなんちゅう俗なことを……。しかもなんだその被害者みたいな態度は。ヒザくだけたわ。
「今、遅番が終わったから、遊びたいんだよねえ」ああ、そうですか。
「でも朝8時じゃ、終電に乗り遅れた子も帰っちゃってるでしょ……」「何言ってんの。私はこれから遠くへ行くんだってば。「大丈夫、あなたがいる! やろう!」「わかってる。冗談だ、ははは。あな

たは遠くへ行く。大変だ」こいつ聞いてねえ。だから重ねて言ってやった。「ナンパもいいけどさ、早くトゥルー・ラブ見つかるといいね。そしたらナンパなんてしたくなくなるのうちねえ」「んー、まあそうちねえ」と奴は生返事をしていたのだが、そのうち自分の名前や出身国を語りだし、その国の料理を出すおいしいレストランを挙げて「もともと高くないし、僕の名前出せば、もっと安くしてくれるから」と教えてくれた。いい奴なのか、なんなんだ。

そして一緒に乗りこんだ電車の中でも「新宿……渋谷……どっち？　失敗したくない……」と最後まで悩んでいたが、結局渋谷に決定したらしく、「じゃあね！　僕の名前、忘れないで―」と元気に降りていった。賭けには勝ったのだろうか、ハサン。心配はしていないぞ。でも体には気をつけるんだぞ（慈悲の心）。

CHAPTER 4　滝 Taki

前途多難の滝修行

「あの男はもしや神様が与えた試練……?」と自分の身に降り掛かった出来事を第二胃袋の辺りで反芻しながら、目的の駅に到着。杏子ちゃんはまだ来てないようだ。何時間も電車に乗っている間にお日様はぐっと高く昇って、かなりの行楽日和になっていた。

改札を出ると、ハイカーが山盛りになって待ち合わせをしている。

駅前成分は、中年男女55％、家族連れ30％、カップル12％、キロロ2％。今回は10％に足りてないが、それがどうかしましたか。細かいことにこだわっていては悟りは開けないのですよ! あ、なんかお葬式のチームがいた。残りの1％、1％。

ホッとしたところで、駅前を歩いてみる。「焼き団子1本300円」って。高。

まさに観光地。団子の原価率を考えながらブラブラしていると、杏子ちゃんが到着。

早速、滝へ向かった。そして速攻で、道に迷った。「たぶん、こっちだと思う……」と細い道に入ったらもう急激にそこは山で、斜面をもりもり登らなければならなかった。

「思っていた以上に、登山、だね……さすが、滝だよ……ハァハァ」すぐに息切れしつ

つだいぶ登った頃、杏子ちゃんがいきなり電話をかけ始めた。

「あのー、山登ってるんですけど、ええ、道は土ですけど……」とか言っている。なんじゃその問答。まさか。

「ええーっ違うんですか!?」言いながら杏子ちゃんがこっちを振り返った。杏子よ。かーなーりー、登ったよ。あたい登った。ゆうべあんまり寝てないのに。

「ごめーん」まあ仕方ない。狭い道なので、下から下から登ってくるハイカーたちとすれ違うのも大変。「すいません、すいません」と謝りつつ、なんとか下りてきた。

「こっちだったんだね……」アスファルトの道をまた歩き始める。今度は緩やかだけど、だんだん道の端が崖みたいになってきた。崖の下には川が流れている。この上流に滝があるのだな。しばらく歩くと、神社みたいな空間が出現した。

「ここだね」

ジャスト一人分の道

CHAPTER 4 滝 Taki

鳥居を入っていくと小さなお堂や門があり、その周辺で見学らしい人々がたまっている。

その向こうに、もう白い上着に着替えた男女がひとかたまりに立っていた。

「ああ、もう始まりそうだよー」急いで受付へ向かう。奥の小屋から上着を選んで着替えるように言われる。小屋の中にはズラーッと天井から道着が干されていた。黒ずんでいるものも多いので、二人とも少しでも綺麗で、かつ乾いているものを急ぎつつ真剣に吟味。上着とともに、ヒモも忘れてはいけない。素材は違うが、ほぼ柔道着と同じ作りなので腰のところをしばらないと着られないのだ。

杏子ちゃんは忘れて更衣室からまた小屋に走っていた。お気をつけください。

滝行

さて急いで着替えて外へ…

寒いね

ホントー

←むすんだ
←生尻

もう説明が始まっている

参加者は意外にも若い人が多い

あとすぐそばに観光客や参加者の友人がびっしりいるのでちょっと恥ずかしい

いいですかー
20人くらい

ではまずお堂に入ってください

今日は参加者が多く

CHAPTER 4 滝 Taki

みっちり

ちなみにこのお堂の中の不動明王はとてもかっこよかった

うまく描けないが

では今から「五体投地(ごたいとうち)」をします

「五体投地」とは…神様に身も心もゆだねる儀式

① 右足を地につける
② 次に左足
③ 右ひじ
④ 左ひじ
⑤ 額

起きる時は⑤から①の順序で離していく

これをお坊さんの唱える真言に合わせて繰り返すのだが何せスペースがなく

さらに猛スピードでやらないと追いつかない

足やひじを床にぶつける音とぶつかる音で大騒音

ガチャッ
ドン ゴン ゴン
ガチャッ
ゴリッ

全員あせっている

しかしその後お経を聞きつつ手を合わせていると

かんじりさいぼーさーぎょー

す…すみません!!
不動明王様の前に座れるようなキレイな私ではございません

ああ
悪いこといっぱいしてますすみません

原稿がもうできているのにすぐ送らなかったり小さなかわいい子どもを見てこんなかわいいのに将来グレるなんてねと言ったり

「感動巨編の映画を見て毒づいたりすみませんホントダメ人間です うぅ…

はいでは外に出てください

CHAPTER 4 滝 Taki

は！

ま…真人間になるとこだった…

え!?

何で「真人間」にならなきゃいけないと思ってるんだ私!?

こんな修行の場に自ら来ているのに…

しかし「とっても心のキレイな人」になってしまったらどうやって漫画を描いたらいいんだ

やっぱりこの問題にぶちあたっている私　でも

う〜ん

とにかく!!いくとこまでいってみよう!!

と決意したのだった

外に出るとまず掃除

ザパー

そしていよいよ滝へ!!

いいですかー　やり方を教えますので

きちんと守ってください

まず印のきり方　手をこうして組んでください

どうやるの?
えぇっ
こう?
こうこう!
ちがうこうこう!

みんな必死!

それから滝に入る時は「南無大師　不動明王（なむだいし　ふどうみょうおう）」と唱え続けること

そしてここにある柱を越える時は7回これを唱えて

次々に繰り出される指令

手がこうで出入りの時に…

寒さと緊張もあいまって早くもわけがわからなくなりつつある私

CHAPTER 4　滝 Taki

CHAPTER 4 滝 Taki

大丈夫 並んでくるね	大丈夫!? ザパーッ
この先に行くときはお参りするんだった!! ワロワロ	はっ

↑岩の上で待つ　　滝つぼゾーンまで入ってみると　すごい音

ドドドドドドド

CHAPTER 4 滝 Taki

さっぶー!!

足だけつかってこの冷たさ!!
足死ぬ!!

↑待っている時点で滝のしずくがようしゃない

じゃあ二人ずつ入ってください
じゃぽ…

うわーっうわーっ冷たーっ
ヨロ…

この滝は軽く腰かけられるようになっているのだが
滝→
山石

あ、そこ深くなってるから気をつけて
遅い…
がぼっ

CHAPTER 4 滝 Taki

はい出てください

あ…歩けない

ドドドドドドド

体がガチガチにかたまっていた

また穴にとこ深くなってるから!!

がぼっ

さむぃ…

さむ!!

もはや瀕死

↑透けなかったのがせめてもの救い…

私の様子を見て不安そうなみんな

大丈夫!?

やっとの思いで更衣室へ

ガタ

わーっ
来た来た!!
女の子来たよ!
ちょうどパンツを替えていたらしい

この更衣室男女同じで「ついたて」があるのみ

しかも遅く来た私たちは案内してくれた人の勘違いで荷物を男子側に置いていたのだ!!

す…すいません荷物とっていただけますか?

この奥の2段め…
こみっすか

うう……
寒すぎて髪の毛もうまくふけない

あーなんか入っちゃったら大丈夫だった
すっきりした!

マジで!?

CHAPTER 4 滝 Taki

帰ってくる人たちも
みんな元気

きゃー
びた
びた

杏子ちゃん
までが

すごく
よかったー

↓我
ホ…
ホント!?

うん!
やるまでは
イヤだったのに…

その後
事務所に
戻ると

キャー

はい
うどん
どうぞー

常連の
おばさん

すごく
手作り風の
煮込みうどん

入ったら
大丈夫だったぁ!
「私でも
やり遂げられた」
ってなんか
すごい充実感!!

びしょぬれ
天使

よ…
よかったネ

CHAPTER 4 滝 Taki

滝行を終えて

とにかく寒かった。

帰る途中で姉夫婦の家へ新築祝いに初めて行ったのだが、いきなりお風呂を借りる始末。しかし骨の髄からくる寒気が、それから二日ほどとれなかった。

でも杏子ちゃんは平気だったらしいし、ほかの参加者もあの場で大丈夫そうだったのに、私は人並みはずれて寒さに弱いのだろうか。

夏に滝行をやるのはズルいようにも思うけど、しかし水圧を受け止めるだけでも大変。落下する力を侮ってはいけない。小さな滝だと思っても、きっと恐ろしく「重く激しい」です。

打たれている最中は深く物事が考えられないのだが、とにかく「早く終わって！」と祈るのと、折れ曲がろうとする体をまっすぐ保たなければという意識が激しく交互に入れ替わっていた。

何かを「やった」とははっきりわかるので充実感はあります。

煩悩や汚い物が水と一緒に流されたか……は謎。

Chapter 5

断食

Danjiki

修行って、M的状況?

だんだんだん、断食道場。

そんな音を立ててやってきそうな道場だ。

「断食」……なんとなく崇高そうな行為。だって人間は食べたい生き物だもの。人間だもの。いや私、行ってみたいなあと思ってはいたのです。前に知り合いが行ったことがあり、その感想が「最後の方は"気"みたいなものを感じてた。見えないのに、廊下の向こうから人がこっちに来るのとかわかるの。音がする前に」だったから。

うーん、すごい。だけど、その経験をするまでに何日メシを抜かなければいけないのか。それを考えると宇宙空間に放り出されるような孤独を感じてしまう。

今、私のご飯状況は「一日二食」。朝方寝て、お昼近くに起きるので「昼食」と「夕食」しか食べない。間食をそれほどする方でも

最近、自分は麺類が好きなんだと気づいた。
今のところ世の中で一番好きな麺は「フォー」

ないし、スナック菓子やケーキもそれほど好きではない（ストレスがたまると食べるけど）。あまり動かないうえに胃下垂なので、食べる量は普通か、ちょっと少ないくらいだと思う。でも食べること自体は好き。なので一食も抜きたくない。

と、く、に「夕食」。朝方まで起きているせいもあるくらい、夕食食べないとやっぱりお腹すくもん。お腹すいて寝られないことだってあるくらい。でも「断食道場」だと、それが「朝」も「昼」も「夕」も延々続くわけで。いや～できるのか。っていうかね、行きたくないんですぶっちゃけ。

しかし！ここでまた、杏子ちゃんが。

「行ってみようよ」きたか……。そうだね、「なんちゃって」といえども修行者。食べない道場があると聞いたならば、行かにゃあならん。行って、我慢せにゃあならん。

「わかった……じゃあ探してみてよ」

ということで、杏子ちゃんが幾つか探してくれたのだが……世にある断食道場の多くは「ダイエット目的」なんですね。あるいは単に「健康のため」。

CHAPTER 5 断食 Danjiki

ホテルのようなとこに泊まって、一日2、3回、野菜ジュースみたいなのだけ飲んで、余暇はゴルフやエステする、みたいな。素晴らしいご計画ですのう。

しかし、私たちは修行者。そんなゴージャスな姉妹のようなことはできません。寺です。イメージは寺。余暇なぞ座禅だーっ、喝！そんなM的状況を求めているのです。

はっ、修行はM？　いや、そんなこと私言ってないです。神様ごめんなさい。さっき杏子ちゃんがそんなようなこと言ってたんで、つい。あっ、でも杏子ちゃんをせめないでください。かわりに私が……、としばらく夢芝居をしていましたが、その間にいいとこが見つかりました。1泊2日では短すぎ、5日行く勇気はない。そんな優柔不断な者にぴったりな、2泊3日コースでございます。

といっても3日めは朝解散なんで、実質2日ってところでしょうか……ヘタレております。それでも、食べることが好きな女二人。

どちらかというといろば
S…？

摩訶不思議な健康診断

大きな不安を抱えつつ、我々は遠くのお寺まで出かけたのであった……。

実はこの道場、断食をやる前には医師の診断を受けなければいけない。朝10時半、お寺の近くの病院を指定されたので、まずはそこへ向かう。

その道すがら、杏子ちゃんは「実は私、朝ご飯食べてなくて、おにぎり買ってきたの」とおにぎりを取り出した。「えっ、それじゃあ今朝から断食になっちゃうね。早く食べておきなよ。私しっかり食べてきたよー」

「ほんとー？」

そう言いながら食べるのだが、杏子ちゃんは食べるのが早くないうえ、人に道を聞いたりしているので、なかなか口に入っていかない。おにぎりが半分終わったくらいのところで、病院に着いてしまった。

「とりあえず、しまっとく。後で食べられるかも知れないし」早速中へ入る。この病院はいつも道場への入門者を診断しているらしく、「断食です」と言えばベリースムー

CHAPTER 5 断食 Danjiki

スに上に通されます。そしてまず最初に看護婦さんがにっこりと一言。「尿検査しますので、これにとっていてくださいね」
　ええ——っ。さっきワタクシ、駅でトイレに行ってしまいました。言ってよ〜そんなすごく切羽つまってるわけじゃなかったのに。こんな展開があろうとは。果たして。大丈夫でした。検査分くらいは。よかった……。
「いや、頑張ってみるよ」と答えるオレ。杏子ちゃんが心配そうに私を見ている。
　大事なものを提出し終え、廊下のベンチで問診を待っていると、若い女の子がコンビニの袋を提げてやってきて私たちの隣に座った。どうやら彼女も入門者らしい。常連?「しかし何人くらいやってるんだろうねぇ……」と杏子ちゃんと話し合う。普通はコースとして日数が決まっているのだが、ここの道場は自分で自由に日数を決められるのだそうだ。1カ月いる人はそういないだろうけど。
　私たちの問診が始まった。簡単な問診票に答えを書き、一人ずつ先生に診てもらう。杏子ちゃんが先に受けたのだが、声が丸聞こえ。しかもそれは、「うちは神奈川ですか……どういう路線で来たの?」

「えーっと、JRで⋯⋯横浜に出て、それから⋯⋯」って、なんで来たルートを聞きたいのか。しかしほかには何事もなく彼女が終わり、私の番。かなりおじいちゃんの先生である。先生は問診票の住所を見て「ふうん、今ここに住んでるの。その前はどこに住んでたの？」「えーと、自由が丘です」「ああ東急線のね」って、なぜそんなことを聞く？京王線だったら体調違いましたか。

その後ベッドに仰向けに寝て、お腹の辺りを押さえられつつ「便秘ではないですか？」と聞かれ「いいえ！」と元気よく返事して終了。

私は生まれてこのかた、便秘になったことがないのだ。という便通自慢はやめにして、尿検査の結果も大丈夫だったので、「不思議な医者だったねぇー」と言いつつ診断結果を持って病院の玄関を出る。「でも、さっきの女の子が持ってた袋の中に、タバコあったよ」と杏子ちゃん。

空腹にタバコ⋯⋯猛烈に体に悪そうだ。大丈夫なのか。それでやせる計画なのか。きっと違う。外に出てみると、すごくいい天気だった。しばらく行くと土産物屋が立ち並ぶ参道になっている。その坂道を、JRでやってきた私たちは歩いていった。「どうな

CHAPTER 5 断食 Danjiki

るんだろう……」不安がどんどん大きくなってゆく。

杏子ちゃんは、おにぎりのことをすっかり忘れていた。

仕切りがカーテン！

先生「プライバシー」という概念をご存じですか

断食道場

私たちの行った道場は
りっぱなお寺の一角

すいませーん

おはようございます
断食の方ですか?

はい

まず申し込み用紙を書く

そして諸注意の書かれた紙などを渡され

では部屋の方に案内しますね

Chapter 5 断食 Danjiki

120

121

部屋は2階の…

ここです

トントン

3時5分前にさっきの部屋へ戻ってきてくださいここの説明などありますので

あっじゃあそれまでは何か食べてもいいんですか!?

CHAPTER 5 断食 Danjiki

杏子ちゃん朝食完食失敗

ダメです
もう断食は
始まってますので…

あのー水は…
ペリエみたいな
炭酸水は
どうなん
でしょう?

んーやめておいた方が
いいのではないでしょうか

胃に負担が
かかるのでは?

炭酸で満腹作戦失敗

はい…

とにかく断食開始
午前11時半
境内を散歩

じゃあ水でも
買いに行く?

今
3時以降は
お寺の外には
出られないって
言ってたもんねー

まだまだ
時間
あるね

かなり歩いて
スーパー発見

スーパー

一人あたり2ℓペットボトル2本と冷えた500mℓボトル2本購入

しかし水しか買えなくてつまらん…

そして

ごめんなさい

うぅ…

泣きながら食べかけのおにぎりを捨てる杏子ちゃん

ドサ

あー重かった!!

↑雑誌も購入

ふぅ…

まだ1時すぎ…

水道水を飲んでもよいので水くみ用やかん

本でも読もう

さむい…この部屋さむい…

CHAPTER 5 断食 Danjiki

この部屋は日が当たらないのだ

```
         全部窓
 ┌─────────────────────┐
 │      ろうか          │
洗│  障子    障子        │
面│                      │窓
所│ 私たち  障 (空き)  障│
 │ の部屋  子          子│
 │階 8畳    8畳         │
W.C.段                  │
W.C.│ 押入   押入    物入│
 └─────────────────────┘
```

電気ストーブで命をつなぐ

これがあってよかったありがとう坊さん...
私は大丈夫だけどォ！

その後また境内を少し散歩してから部屋へ

3時になったので事務所に行き諸注意など聞く

何日か断食して戻る場合...

とっても若い尼さん

なぜこの道に...

あー...なんか眠くなってきた...

午後4時
↑すでに布団しいた

CHAPTER 5 断食 Danjiki

あ～～～
何もする気
おきないねー

うん

トイレに通いづめ

トイレは和式で新しくはないけどきちんと掃除されている

さすが寺

午後8時15分

障子の向こうから

全員揃ってますか？
玄関閉めますよ

はーい

寝たまま…

廊下の窓から
境内をのぞくと

ものすごい深夜風

ざわわ
ざわめ
ざわわ

仕事でもしてみるかなぁ

わかるー
何もできない…
思ったよりお腹はすかないけど

↑布団ちゃんと敷き直した

お腹は大丈夫だね
家じゃないってこともあるだろうけど

5分後

ダメ…
なんか集中力が…

午後10時消灯

明日の朝は6時から「お勤め」出なきゃいけないからね

大人しく寝よう

おやすみー

そのまま就寝

翌朝5時50分

眠い……

すみません…

本堂へ行こうとすると

CHAPTER 5 断食 Danjiki

本堂ってどこですか？
私昨日から来たんですけどわからなくて…

私たちも行くから一緒に行きましょう

あー
すみません

同室の人たちはいますよね？
みんな寝てます
寝てたに

ポカリスエットのボトルもゴミ箱に入ってたし…
テキトーなのかな〜
監視がない分「自分次第」ってことじゃないの？

そしてこの日は本堂へ
この日は小雨で
お坊さんが和傘をさして一列に歩く姿がとても幻想的だった

CHAPTER 5 断食 Danjiki

部屋がずっと薄暗いのも気が滅入るので

昼間も電気つけないと雑誌が読めない

午後3時
ひとりで境内を散歩

おみやげ

七味とお香を買う

トボトボ…

なんか…しんどい

バタ…

散歩なんてするもんじゃねえ

お子ちゃん爆睡中

午後6時

あっという間かと思ったけど今日が長いね

読むとこはない!!

もう読むとこない

ごはん食べないってメリハリないよね これ一週間やってる人って…そりゃ朝の「お勤め」行けないわ

CHAPTER 5 断食 Danjiki

CHAPTER 5 断食 Danjiki

午前5時

5時だ!!
5時!!

むくっ

目覚まし不要

朝(お粥)だね!!
朝(お粥)だよ!!

行こう すぐ 行こう
お・か・ゆ!
お・か・ゆ!

いやー私寝れなかった 杏子ちゃん寝れた?
うん!!
意外と!!
ふぁー

行ってみると
先客2名
若い女 おばさん

ワクワクして待つ

CHAPTER 5 断食 Danjiki

ごちそう様でした！

そして「お勤め」へ

ガラ

おばさんは部屋へ帰った

何日やってたんですか？

一週間です

すごい！断食何回めで？

初めてです

え〜〜〜

つ…辛くなかった!?

うーん2日めが辛かったかなー

でもそれを過ぎたら大丈夫でしたよ

毎日何してたんですか？

境内散歩したりとか…

絶対ムリ!!

こともなげー

そして「お勤め」の最中私に異変が!!

ドーン ドン ドン ドン ゴォーーン

断食の男子と見受けられる者たち

なんか気持ち悪い…横になりたい 辛い…

私…ちょっとしんどいから部屋戻るね

大丈夫

き…気持ち悪い…

バタ

めまいが…っ

そういえば杏子ちゃんが

断食って戻る時が大変で急に食べて死ぬ人もいるんだってね

こわいねー

CHAPTER 5 断食 Danjiki

死…死ぬのかなぁ…

ただいまー 大丈夫?

んー もう少し横にならせて…

杏子ちゃんは全然平気なの?

その後 もちなおし 7時半頃 お寺を出る

あー 終わった… よかった

人 それぞれ

うん!! 食べたら すごーく 元気に なっちゃった!!

しかし本当に 何もできなかったね

かなり辛かったねー

杏子ちゃんと駅で別れホームで果汁100%の缶ジュースを買った

いつもより味を濃く感じたりするのかな？

ワクワク

ゴクッ

いや全然。

むしろわからん

缶だったから……。

その後家につき近所のおそば屋で念願のうどんを食べる

お…おいしい…

生きててよかった

しかし本当に辛かったのでなんで断食なんてしたんだろと思っていたが

夏痩せたから

午後に宿便らしきものが出たので

おう！

トイレ

杏子ちゃんも出たらしい

いいぞ断食!!

になったのだった

ちょっと趣旨が違ってきている

CHAPTER 5 断食 Danjiki

旅行先での布団問題

お寺などの宿泊施設に
用意されている布団セットは

枕カバー

シーツ
1枚

枕

敷布団

掛布団

冬ならモウ布

＋

これが問題！

シーツを敷布団に敷いてしまうと

掛布団の縁が直接顔にあたってしまう！！

私の解決策

掛布団

シーツ 折り返す

敷布団はシーツなし

これで安心!!

CHAPTER 5 断食 danjiki

断食を終えて

かなり辛かった。

なんで辛かったのかと考えてみると、一番は「部屋が薄暗い」ということのような気がする。

まったくやる気をなくしてしまう。起き上がるのも大変だったが、そもそも「起き上がろう」という気にもならない。

それから「メリハリがない」。

ご飯を食べること、お茶を飲むことは「刺激」だったんだなあと実感した。

わざわざ寝にいっただけのような気がする。大丈夫か。

しかしやっぱり「食べない」という経験は良い。宿便が出ただけではなく……「食べ物」の重さが体でわかるような感じ。「肉」って重すぎなのね、絶対。

そして「肉」だけでなく、全般食べ過ぎなんだと実感しました。

Chapter 6
座禅
Zazen
part ❷

断食の成果、ここに現る

さて、とうとうやってきました、厳しい厳しい座禅会。週末にある座禅会は夕方5時スタート、翌朝10時くらいに解散とのこと。

この会、なんと予約はいらなくて行きたいと思った時に直接行けば参加できるという素晴らしいシステム。

当日、私と杏子ちゃんは駅で待ち合わせ、お寺の中にある座禅用の建物までやってきた。まず、柵と立て看板があり、階段を上ったところに門が見える。柵の中に入る前に、立て看板を読んでみる。

そこには、座禅会のお知らせや諸注意が簡単に書かれていて、中に「夕食をすませてきてください」という一文があった。打撃。

「た、食べてきてないよ……」杏子ちゃんが悲しい顔になる。

「私も」重要事項を聞くの忘れてたなー。「でも大丈夫でしょ」と

瞬時に思い直した。断食道場では5食くらい抜いたのだから、今日の夕食ないくらい絶対大丈夫。「昼」と「夜」抜いた時点では平気だったのだ。

簡単にこう思えた時、私はこれが修行の一つの成果なのかも……とも思った。夕食問題は小さいけど、何があるにしても突然は嫌だと思うし、慣れてないことや経験のないことは不安。だから動揺したり、必要以上に心配したりしてしまう。だけど「あの時こうだったから……」と参照する出来事があれば、「心配しない」とか「準備をする」とか対処ができる。

もちろん、ものすごく痛いことだったら変わらず不安だろうけど、日々の出来事は後から考えれば「なんであんなに騒いだんだろう」というようなことが結構多い。

そして、経験が増えれば「あの辛さに比べれば……」と、「あの嬉しさに比べたことない」と思う範囲が広がっていく。反面、「あの嬉しさに比

感情振幅グラフ

↖はみだし

不
けだつね ↙俗な人(私)

CHAPTER 6 座禅 Zazen
part ❷

べたら……」ということもあるだろう。これが感情の振り幅が狭まるということなんだと少し実感した。ひょっとして遅い……?

まだまだ続く「帰れ攻撃」

立て看板を読んだ後、階段を上って門に到着。中に一歩入って、声をあげそうになった。ここは……昭和初期!?

藁葺き屋根なんである。ちんまりと建っている平屋の屋根が、もっさり藁葺きなのだ。そして平屋の壁も茶色い板で、夕闇に灯っているのは黄色い裸電球、外に掘ったて小屋のような水場。小さな庭は木や花や石でかわいらしく造られている。その庭を竹ボウキで掃いている袴姿の女の子……。お菓子のおまけについているジオラマか!? と思ってしまうくらい、本当にわざわざ造られたかのような、厳しいという噂とはかけ離れた素敵な風景であった。

ふと横を見ると、中で働いている人とは別に、明らかに入門者と

思われるリュックをしょっている男の人が門のそばに立っている。ここでウロウロしているのがしきたりなのかなと思い、ウロウロしていると建物の中からおじさんが出てきた。

「開始時間になるまで、これ読んで待っててください」

一枚の紙を渡された。それはとあるイラストレーターが体験入門した時の記事で、座禅会の流れを絵で説明してあるものだった。

これは読まなきゃ。「座禅」と言えば「果てなき作法」である。私たちは大急ぎで読み始めたのだが、コマもたくさんあるし、辺りも暗い。全然進まない。あっという間にさっきのおじさんがまたやってきた。

「あの、全部読んでないんですけどっ」

「ああいいです。今日の希望者は4名、ですね。ところで皆さん、座禅はやったことあるんでしょうか」胸を張ってうなずく私たち。男性二人は初めてらしかった。おじさんが続ける。「うちはたいっへん——に厳しいですよ。大丈夫ですか？ 生半可な気持ちならやめた方がいいです。やめるなら今です」

限界ギリギリブッチギリの「やめろ」攻撃。暴走族ならヘッド確実だ。

CHAPTER 6 座禅 Zazen part ❷

フリースは、防寒具にあらず?

玄関から向こうは暗かった。必要最小限しか電気がついていない。さすが。そして静か。言われるままに6帖間にあがり（しかし襖は全部はずされているので、空間は全部つながっている）、男性二人は前、その後ろに私たちが並んで正座。そのまま待つように言われる。

もうすでに修行ムード全開。暗い中、きびきびと動く何人かがいる。辺りには注意書きが何枚か貼ってあり、「冬でも防寒具（セーターなど）は着用してはいけません」などと書いてある。でも私の前にいる人が着ているのはどう見てもフリースなんですけど……いいのかな。というかうらやましい。私は結構油断して薄着で来てしまったのだ。窓も開け放してあるこの建物の中は、じっとしていると結構寒い。

しかし、フリースをチェックする様子もなかったけど、まさかこの人たちフリース知らないんじゃないよね。時々お寺の外にも出るよね？と、しばらくしてまたおじさんがやってきた。「ここでは上の者の言うことにすべて従ってください。指示をされたら素早く動くこと。だらだらするのは許されません」などなど、諸注意を手短に話す。

その次に隣の部屋に一人ずつ呼ばれ、「すわ面接か」と思いきや、質問などはまったくされず申し込みの手続きをした。

この時も、部屋に入る時と中に進んだ時に正座してお辞儀するとか、次の人は入り口横で正座で待ち、出てくる人と一緒にお辞儀するとか、とにかく動作すべてに決まりごとがあり、その都度おじさんに「そこでお辞儀して！」「次の人ここ！」と厳しく指示されるのでその通りにする。

Chapter 6 座禅 Zazen part ❷

座禅道場の主要人物をマークせよ

次に、女子は着替えのため女子寮へ。女子寮は庭に建っている小さな平屋。そこに女子が一度集まり、袴をはいてない人はそこで着替える。私たちの他に、女子をしきるおばさんと若い女の子が３人。彼女らは常連らしく、すでに袴姿で働いている。中でもショートカットの女の子は、おばさんの片腕となっててきぱきと用事をこなしていく。私は心の中でおばさんを「リーダー」、ショートカットを「ナンバー２」と名付けた。

リーダーはさっきの怖いおじさんとは対照的に物静かな感じ。伏し目がちで、最近元気ないけど大丈夫？と声をかけたくなる疲れた雰囲気だ。本当に大丈夫か。しかしさすがリーダーだけあって、動じない感じもするし、なんでも知っていそう。なーんて思っていたのだが。

私はリーダーと、そして学級委員みたいなナンバー2の「裏の顔」をまだ知らなかったのだった！ でもその事件は夜まで待ってね。

この時は何事もなくまた諸注意を聞いた後、大急ぎで着方を教えてもらいつつ、袴をはく。次の瞬間、ダッシュで座禅堂へ。ここではいつでもなんでも急がなければならないのだ。毎日が小走り。

早速、座禅開始。最初に足の組み方など教えてもらい、杏子ちゃんと並んで座る。ここは部屋全体が薄暗い。しかし壁に向かうわけではないので、半眼でいても部屋の様子が目に入ってくる。

最初の1時間は楽勝。1時間くらいじっとしているのはもう簡単だ。って罰ゲームじゃないんだから。辛くないのは慣れてきただけだけど、まあでも慣れは第一歩、かも知れない。雑念は満載だったがとにかくやり終え、5分だけ休む。

もちろん「いや～疲れた～」なんてあくびする人はおらず、みんな無言で伸びしたりウロウロして、「コーン」と鐘が鳴ったら自分の席へ。入る時に礼、上手へ歩く時は合掌（出口へは叉手）、席の前で礼……と例によって作法ずくめ。杏子ちゃんは急いで歩

CHAPTER 6 座禅 Zazen part ❷

く時、必ず手を振ってしまいよく注意されていた。

嫌がらせ？　それとも修行？

そして、2回めの1時間へ突入。これも苦もなく終わる。終わるといきなり「お茶の時間」。夜8時くらい（だと思うけど、時計がないのでわからない）。お茶とお菓子が用意される。

しかしこのお茶の時間に「ホッ♡」を求めてはいけない。若いお坊さんらしき人（4、5人いる）が木のお盆を持って、だだだだ——っとやってくると、怖いおじさんが「素早くお菓子とお茶碗を取る！　モタモタしない！」。

そしてお茶をついでもらう時も「お茶碗を手にのせて隣の人と一緒にお茶碗を出す！　ついでもらって"もういい"と思ったらお茶碗を上に上げる、それが合図！　欲張ってたくさんついでもらわない！　端の人はついでくれる人と同時に礼！　早ーく！」ミスター矢継ぎ早。息するより指示！　そんな感じだ。お菓子は私の好きな歌舞伎揚げだが、「モタモタしなーい！」。全員が必死でその2枚を口に押し込む。

し、しけっている……。がーん。「ホッ♡」とできないうえにおいしくないとは。嫌がらせか。いや修行か。しかし思えばこの場合、しけっていた方が音が出なくてよかったかも知れない。沢庵情報もあることですし。

チラッとミスター矢継ぎ早の様子をうかがってみると無表情のまま正面を見据え、すごい早さで食べている。歌舞伎揚げが終わったら次はお茶だ。少々熱くてもコンマ2秒で飲みきる勢いで！これは戦いなのだ！！　お菓子がのっていた紙を戻し！　お茶碗を戻し！　礼をして！……全員が早さの限界に挑戦した。人生で一番疲れた、嵐のようなティータイム。新しい経験だった。

そしてすぐさま電気が消され、また1時間。

ミスター矢継ぎ早
指示して死ねたらたぶん本望
8:2

CHAPTER 6 座禅 Zazen part ❷

覚悟を決めて、「警策」を志願

疲れたけれどお茶した(お茶したっていうか……)おかげで最初は新たな気持ちで座れた。しかし、そのうち前2時間の蓄積が、だんだん、じっとしているのが辛くなってきた。眠い、というほどではなかったけど、ちょっと頭に幕が下りてきた感じもする。

私は腹をくくりにかかった。「警策、いっとく?」である。「痛そう」よりも、もう「喝をいれてくれ」の気持ちが強い。それにアントニオ猪木。彼のビンタに比べれば、肩を平たい棒で打たれることなど屁じゃないか! 下品。

とにかく私、覚悟を決めました。半眼のまま、警策を持ったお坊さんが回ってくるのを待つ。ここは目の前をお坊さんが通るため、頼むタイミングを計りやすい。がに股でゆっくり歩いてくる足が見えてきたので、「ええい」と手を合掌に変え、頭を下げる。足が止

まり、私に向き直った。そして右の肩に一度警策を感じると、スッと離れ、次の瞬間「ズビビイーーッ」大きな音とともに衝撃が走った。いった――！　表面だけかと思っていたのに、意外と背中の中まで痛い。なんか音が軽くないもん、こもってるもん。

「この人、うまくないんじゃ……」後悔しても遅い。「ズビビイーーッ」今度は左。痛い……。背骨に向かってナナメに叩かれるんだもの、先っちょ、重なってますやん……。じんじんしつつもお坊さんに合わせて合掌して礼。ありがとうございます。痛かったが「喝」効果はかなりのもので、本当にシャキッとした。「初喝」に充実感も覚える。

しかし、夜になっても窓が全て開いているので、寒くなってきた。「トイレ」という単語も頭の中に浮かんできた頃、終了の鐘。堂内がパッと明るくなる（といっても夕暮れくらい）。ミスター矢継ぎ早が「ナントカカントカ!!　カントカー!!」と指示したら、いきな

CHAPTER 6 座禅 Zazen part ❷

り男子が自分の座っていたとこの後ろから布団をザッと引っ張り出し、掛け布団も引っ張って瞬時に寝た。予想外の展開にマゴマゴしていると、「遅おおおおおおおおい!!」と今日一番の怒鳴り声。どうやら今日の座禅は終わったから女子はとっとと出てけ、と言いたかったらしい。早すぎてわからん。

リーダーの裏切り!?

リーダーに連れられ、女子寮に。すぐ寝られるかと思いきや、なぜか女子だけは「自主トレ」というか「自主座禅」があって、しかもそれは外でやるというのだ。布団だけ敷いて、野外用座禅セット（ゴザと座布団）をリーダーからもらう。いいかげん寒かった私は、もらいながら「上に一枚着ていいですか」と聞いた。

彼女は「うーん……」と渋い顔をしたが「まあ……いいですよ、厚くなければ」と言ってくれた。（矢継ぎ早と違って融通きくぞ、

リーダー！　ありがとう)とまだこの時、私は思っていた。この時まで！

私は喜びつつ素早く上に一枚着てみんなの後につき、一列になって玄関を出た。私は最後の方で、すぐ後ろにリーダーとナンバー2が続いていた。ちょっと離れたお堂の前に、私までの4人が先に到着し、座り始めた。チラッと振り返るとリーダーとナンバー2は座禅セットを持ったまま、座禅堂の入り口で何か用を済ませている様子。そのうち来るだろうと思い、一枚着てこなかったら私はもう死んでいた。もう秋だったので、やはり寒い。着てこれてよかった。

それにしても夜のお寺の境内は神秘的で、お堂の前で自然を感じながら座禅を組むのは素晴らしい体験だった。特に杏子ちゃんと私はお堂のほぼ正面に座っており、中央が開けていて、とても気分がいい。

CHAPTER 6　座禅 Zazen
part ❷

風景を気にしている時点でまだ未熟者なのかも知れないけど、堂内でやるより雑念を流せたような気がする。自分が自然とともにあるのを感じて、そこにとけこめそうな感じがしていた。……それはいいけど、リーダーとナンバー2が遅い。来たら私の隣に座るはずなのに、全然来る気配がない。

ひょっとして角を曲がったところでやってるのかな？　横目で時々見てみるのだが、角の向こうまでは見えないからよくわからない。おかしいな……と思い始めたが、ここは上の者に従わなければ動けない道場。リーダーが「終了」と言うまでやめてはいけないのだから絶対来るはず。自然を感じつつ、リーダーを待つ。

しかし来ない。だんだん忍び寄る寒気。時折吹く風が猛烈に冷たい。でもリーダーは来ない。まだか。まだか。本格的に寒くなってきたし、座り続けて腰がかなりしんどい。指示が来ないことにイライラしてきた。「忘れて寝てるとか？　まさか」「いやひょっとして」いろんな思い「一体いつまでやるの……？」確実に1時間はたっているだろう。

もう自然とも一体ではない。どちらかといえば敵。寒いよ。なに風吹かせてんだ。あが駆け巡る。

あもう心も腐ってきた。限界かも……その時、隣の杏子ちゃんがガバッと立ち上がった。

その次の瞬間、私も立ち上がった。

これ以上続けたら体壊すから、とリーダーに怒られた時用の言い訳を用意し、寮へ向かった。

寮の中は真っ暗だった。「むむー……電気が消えてるってことは？」イヤな予感が大きくなるが、とりあえず座禅セットを積んであった廊下のつきあたりに戻す。部屋の障子を開けるとそこには……二つの布団のふくらみが!! リリリ、リーダー！ そしてナンバー2！ 爆睡中やーん!!

「うっそー、このヒキョウ者！」

静かに布団に入りつつ、心の中で思いっきり毒づく。修行足りん。

しかし、許しがたかった。だって二人とも、座禅セットを持って外に出たのに！ あれは「やるふり」しただけだったんだ。そのた

CHAPTER 6 座禅 Zazen part ❷

めに最後に並んだんだ。いつもみんなだけやらせて、寝てるんだ。座禅会が始まる前に門のところで見せてもらったイラストでは、リーダーらしき人も外での座禅に参加していた。30分くらいで終わったからイラストレーターが拍子抜けしてたら「明日もありますから……」って答えてたな。あの時は「取材」だったからやったんだ。普段はサボってたんだ。あーもう怒りがおさまらない。

だって体はもう芯の芯から冷えているのだ。凍えてるに近いくらい。そりゃそうだ。秋の夜、外で2時間くらいじっと座ってたんだもの。

布団の中もまったく温まらないから眠れもしない。明日は4時起きなのに。ますます頭にくる。まだほかの二人、続けてるはずだけど大丈夫だろうか。心配していると、しばらくして帰ってきた。

しかし、なんで最初に「各自、好きなだけ」と一言言ってくれなかったんだろう。好きなだけやって終われたら、すごく素敵な体験

になったのに。

くそー、私だってこの経験、もし描く機会があれば絶対描いてやる！　絶対だぞーっと誓ったあの夜。やっと現実になりました。なんか書いたら今、ちょっと彼女を許せた気分。そんな私はまだまだ修行中……。

未だ続く「フリース」への嫉妬

眠ったり起きたりを繰り返していたら、朝方になったようだ。目覚ましが鳴り、全員瞬時に起き上がる。起き抜けとは思えないスピードで布団を上げ、洗顔。コップ1杯の水で口をゆすぎ、顔を洗わなければいけない。

その後トイレに行って袴をはいて座禅堂へ。もち小走り。即座に座禅開始。相変わらず窓は開けっ放し。こんなとこで寝た男子は寒かっただろう。私も今、十分寒い。

CHAPTER 6　座禅　Zazen part ❷

ふと前方を見ると、フリースの人だ。あの軽くて薄くて温かいものがあったら、どんなに快適だろうか。着ているあの人だけ……。
　そういえばこういう嫉妬に名前がついてたな、と思い出す。例えば今の場合だと、彼がフリース着ていることと、私が寒いこととはまったく無関係の話。彼だって私が温かくなるわけではないのだ。なのに、人間は「なんだよそのフリース脱げよ」と思ってしまう。どうしても「平等」を求めてしまうのだ。
　そうだ、これも修行の一部なのだ……フリースのことを忘れようと努める。それにしても寒い。まだ日も昇っていないのだ。時々、ミスター矢継ぎ早が大きな声で説教する。
「楽に座るな！　腹を出っ張らせて、辛い姿勢で何時間も座るんだ。なんのためにそんなことをするのか。それをわからなきゃダメなんだ！」楽に座っちゃダメ、なんだ。
　普通の生活では長時間座り続けるために、少しでも快適な姿勢を探してしまう。しかし、そんな「外からの見え方」「じっとしていること」が目的のように感じるからだ。

を気にするのではなく、自分にしかわからない辛さを課して、体や心と戦うことが修行なんではないかと思う。

この後、休憩がなく、そのまま2時間ほど。この時間が一番きつかった。1分1秒、たつのがもどかしい。杏子ちゃんも一度、警策を受けていた。よくわかるよ、その気持ち。それに今日の人の方が私が打たれた昨日より上手っぽい。音も高いし。

しかしその後、杏子ちゃんも私も相当動いていたと思う。足は曲げっぱなしなので、しびれたというよりは膝が痛い。お尻も痛い。フリース。

杏子ちゃんなんて、肩を上げ、首を前後に倒し、「はぁ……」というため息すら聞こえる。私はヒヤヒヤしていたが、警策を持って回る人が途中でいなくなったし、彼女の横にいるリーダーも見逃していたようだ。くそうリーダーめ。また思い出してしまった。

CHAPTER 6 座禅 Zazen part ❷

そして辺りがすっかり明るくなった頃、もう何度めかわからない鐘がなって、いよいよ、いよいよ沢庵の時間……つまり朝食の時間がやってきたのだった。

朝食の時間

座禅会に先立ち
私は沢庵を買った

なるべくひなびた
音の出そうな
1本。

自主トレのためである

「ねぇ
沢庵
音ナシで
食べられると
思う?」

「どうして…
どうしてかは
わかんない
けど
『作法』じゃ
ないのかな」

「え!?
どうして
そんなことするの?

沢庵は音が
あってこそ
沢庵でしょー」

CHAPTER 6 座禅 Zazen part ②

まあそうなんですけど…ちょっと食べてみて

ぱく

……
……
ポリ

……
……
ポリ

ムリだよ
むしろ音をたてるべきだ!

ポリポリポリポリ

いやいや

ポ…ポク…

一人特訓を重ねるワタシ

ゆっくりだ!
ゆっくりだましだましかむしかない!!

ポ…ク…

そしてのぞんだ座禅会

ザザザー

早い!!
動きのすべてが早い!!

CHAPTER 6 座禅 Zazen part ❷

まずお粥がきた様子

白い手ぬぐい
お碗(大)
お碗(小)

作法はどうなっているのかと思うが横を観察することもできない

自分のお碗凝視中

やっと視界にお粥登場
桶に入っている

自分の分を取ったら相手の方へお玉を置く!!
なんでも次の人のためにやるんだ!!
それくらいはわかってるんだけどなぁ

早く食べないと叱られそうなので極めて少しにしておく

杏子ちゃんはといえば全部リーダーの真似をせねば!!

リーダーが山盛りなら

ドサッ

杏子ちゃんも山盛りだ!!

ドサッ

↑私より食べるの遅い人

たっぷ

かなりテンパっている

お粥は楽勝として…

沢庵を口に含むのが怖い…

しかし周りでは意外と

ポリ ポリ ポリ

恐いおじさんも

沢庵も音を出すなというんではない

むやみに大きな音をたてないということだ!!

何も言ってないのに心読まれたのか!?

杏子ちゃんは「沢庵何枚か飲みました」（後日談）

私は取った量が少なかったのでゆっくり食べられた

しかし そろそろ終わりだ…よかった と思ったら

今日はお粥がかなり余っております

もう一回まわしますので皆さんおかわりしてください!!

ミスター矢継ぎ早

欲しくないけど少しだけ

私いいです

なんか気づいた

ちょっとはいただきなさい!!

ふー 終わった終わった

CHAPTER 6 座禅 Zazen part ❷

全員が食べ終わるまで待ちます

最後はこの人

ひ…

「小学校でも居残り給食してました…」(後日談)

しばらくするとお茶がまわってきた

まず小さいお碗についで!!

ゆすぐようにして大きいお碗に移すんだ!!

梅干のタネごと

そして大きいお碗もゆすぐようにまわしてから飲む!

ぐっ

タネは飲まないけど

その次にぬるいお湯がまわってきた

CHAPTER 6 座禅 Zazen part ②

たった一人の船出

朝食が終わると、また座禅。だんだん耐えがたくなってきた。最初はごはんのおかげで気分リフレッシュ！ だけど、蓄積ってものがあって、すぐに膝やお尻が痛む。「うあああぁ〜っ」と大声を出してこの座禅堂を飛び出したらみんなどんな顔するんだろう。

ああ、早く家に帰りたい。「いーえ！ いーえ！」とみんなで大合唱して家を讃えたい気分。家ってっていいよね。ソファもね……ソファに寝転がってあんまり面白くないテレビ番組見て「あんまり面白くなーい」とか言いたい！ ああ、幸せだった平凡な日々よ……。

もうただただ、早く終わることだけを念じて腰の痛みに耐えた時間。後から推定すると、1時間くらい。でももっともっと長く感じた。

さてその後は、別のお堂へ法話を聞きにに出かける。動けるだけで

嬉しい。もちろん小走りで一列になって、玄関を出る。外へ出るとすでに結構な数の観光客。袴で下駄履きの集団は、かなり注目度高い。そんな中をもはや駆けてゆく。一般のお客さんは正面の入り口からお堂に入るが、私たちは横から入り、別の場所にきちんと列になって座る。正座でもいいようだが、正座は明らかに足がしびれるのでやっぱり足を組む。

場所が変わり、お坊さんの話を聞きながらなので、それほど辛くはなかった。お客さんは満杯。由緒あるお寺だからか。

しかしお坊さんの話は……どうなの。内容は「いっぱいお酒をいただくが、ブランデーは飲まないのでたまっていく一方だ。でも『ナポレオン』とかだから、人にあげるのは勿体ない。そんな時、素晴らしい住職の奥さんが果物をつけるとおいしく飲めると教えてくれたので、こりゃいいやと実践している」というような話。全体的にはこの「住職の奥さんの素晴らしさ」を語っていたのだが、お

CHAPTER 6 座禅 Zazen part❷

「飲まないんならあげればいいじゃん。仏教って『捨てろ捨てろ』と言ってるのではなかったのか。ほっとく方が勿体ないよ」この人が私の親なら、そう言うけど、冗談として言っているのか。坊さんってわからん。と！ふと後方左隅に座っているミスター矢継ぎ早を見てみると……船、漕いでらっしゃるではないですか。ミスター！あんなに厳しくしておきながら、たった一人で船出ですか。やっぱり早口でしゃべり続けるのは体に負担なのだろうか？でも、人間的なところもあるのね、って感じでちょっとほっとしました。

酒人にあげるの嫌っていう発言が一番私の心に残りました。

節約プレイ？

法話が終わり、また小走りで座禅堂へ。さあ後は掃除のみ。女子はまず洗い物。お茶碗やふきんをみんなで分担しながら井戸水を使う。若いお坊さんがやかんを手に「さっき沸かしたお湯余ったんですけど、洗い物に使いますか？」とやってきた。「おっセンキュー！気がきくね」と私は心の中でいち早く返事をした

のだが、リーダーの答えは「あー……いらないわ。流しといて」。
ええええ〜〜〜っ！　余ってるんですよ？　使わなかったらそのまま捨てるんですか？　なぜ捨てる前にこのタライに入れちゃだめなの？　おかしな話やわー？　静かな顔のまま、内心大爆発。でも仕方ない。新鮮で冷たーい井戸水のまま仕事を続けた。洗い物などが終わると、そのまま庭の草むしりなど。

動けるので、むしろ楽しい。終了時刻が来て、解散の準備。よ、よかった。女子寮で着替える。しかしこの時、みんな水をじゃーじゃー使って歯磨きなど行う。

んー、さっきの節約精神は？　あの時だけそうするなら、それは「プレイ」……。と思いつつも、早く帰りたい一心で最後まで急いで身支度。

ああ、帰れる。リーダーと皆さんに愛想よく挨拶し、ミスター矢継ぎ早にもお礼を言いに行く。「お疲れさまでした。大変だったで

CHAPTER **6** 座禅 Zazen part ❷

しょう。もう二度と来たくないと思いましたね?」
「そんなことないです！ いい経験でした〜」と私たちも元気に返す。「二度と来たくない問題」には触れないまま笑顔で歩き出した。
「辛かったー……」
ずっと一緒にいたが、口をきいてなかった私と杏子ちゃんが発した第一声は同じ言葉だった。

座禅②を終えて

噂は本当だった………。

かなり辛い。1泊2日が限界。腰も限界。これを1週間やったなんて、そりゃ終わったら私だって泣くでしょう。いや途中で帰る、絶対。

身動きせずじっとしているか、小走るかという両極端な世界。しかも自由はない。

ここに毎週来ていたら精進できるのだろうか。

座禅を死ぬほど組んでいるうちに「こうして座禅していたって世界は戦争し、貧しい人は死んでいる。この座禅に意味はあるのか」と思い始めた。私が座禅しなくても戦争はしているし、じゃあ座禅のかわりに世界の役に立つことをするかと言われればその予定もないのだけど。

危ないのは、自分のためになることをするのは当たり前でしかないのに「えらいことしてるっぽい」気持ちになることだなと思う。

Chapter 7

お遍路

Shenro

お遍路

とあるお昼時
私は高松駅の前に立っていた

高松駅

なぜここまで来たかというと

今までこんなこととかこんなことしてて—

年とったらお遍路行ってみるのもいいかな…

と担当さんに話していたら

今行ったらどーですか？

とこで原稿描いてください！

ということで2泊3日の予定で本州を飛び出した

東京を朝出発

四国

さて一般的に「お遍路」といえば

フル装備だと

- 菅笠
- 輪袈裟
- 白装束
- 歩きのは巨大荷物
- 納札入れ
- 鈴
- 同行二人
- 手甲
- ずだ袋
- 脚絆
- 金剛杖
- 地下たび

納経帳
各札所で行った印にご朱印をもらう

納め札
願い事を書いて各札所に納めてくる

お線香とライターなど

出発は第一番札所のある徳島

そこから時計回りに回っていき第八十八番札所のある香川で結願する

札所＝お寺
結願＝すべて回りきること

しかし調べてみると…

香川 ⑧⑧ 大窪
徳島 ① 霊山寺

回るのは番号に関係なくどこから始めてもよいしバラバラに行ってもよいみたいだし

最初の札所はそこで白装束など全部を揃える人が多いためかよその倍くらいの値段で品物を売っているという

そーいうのはヤだな！…

いろいろと考えた末香川に決定したのです

CHAPTER 7 お遍路 Ohenro

理由は

① 弘法大師が生まれた善通寺
② 善通寺の宿坊のお風呂は温泉である
③ 金倉寺に「お砂踏み」がある
④ うどん

ま…半分レジャー

※「お砂踏み」とは
お遍路したくてもできない人に八十八ヵ所の砂を踏むことでご利益を…と砂を一ヵ所に集め参拝できるようにしたもの

服装もフツーに

帽子も
バックパック
インナーが取りはずしできるジャケット
ウェストポーチ
歩き慣れた旅行用クツ

他に用意したのは

和紙 10枚ほど（ご朱印帳のかわり）
雑誌の切り抜き
ノートパソコン 仕事するつもりで

選んだルートは高松の近く

高松
天皇寺 ⑧⑦ ⑧②
道隆寺 ⑦⑨ ⑧⓪
郷照寺 國分寺
曼荼羅寺 ⑦⑦
⑦⑥ 金倉寺
⑦② ⑦④
⑦③ ⑦⑤ 甲山寺
出釈迦寺 善通寺

スタートは⑦⑤善通寺
⑧⓪國分寺までを目指す
（行ければその先も）

高松に着いた私は向かう駅を確認

駅数が少ないからきっと本数があるはず…

セルフサービスが多いのも有名なこの街で

初セルフ初うどん

さつま揚げみたいなのもトッピング

230円（かけ150円）

あ、お昼だし！！

じゃあまずうどんだ！！

ここは麺はフツーだったが

おつゆうまー！！

薄味大好き♥

「感動！！麺紀行」になる前に駅に戻った…が

あーその方面の電車今出ちゃって…

あと30分くらいないですねぇー

注：改札の人です

とにかく一番早く出る電車に乗った

途中乗り換え

丸亀

すいませ～ん

すいません善通寺行くのはこのホームでいいんですよね？

CHAPTER 7 お遍路 ohenro

CHAPTER 7 お遍路 ohenro

まず手と口をゆすいで…

本堂に入ると

ご本尊

こちらから

「般若心経」の経本を持っていなかったので買う

表はお経

裏は八十八か所それぞれの真言

役に立った

それから礼拝

私は周りで亡くなった方の成仏を祈願することにした

本堂を一周してから「納経所」へ

すいませんこの紙に欲しいんですけど…

えっ…えーと後でご自分で納経帳に仕立てるんですか？

はい

CHAPTER 7 お遍路 ohenro

しかし
何か
モヤモヤ
する…

さっきの「ご朱印」
カッコよかったけど
お寺を回って
印をもらうって…

スタンプラリーとどう違うのかに！？

私が今
ここに来て
お参りしたって
いうことは
印を
もらわなくても

「神様」は
ご存じだろう

300円払って
あのおじさんに
「証拠」を
もらわなくても
いいんじゃ
ないかな…

そうだ

もうご朱印は
もらわなくて
いいや

私と神様の間のことだ

それにしても
生「お遍路さん」
見ないなー

と思っていたら

ホントに
いるのか？

チリン…
チリン…

バリバリの歩き遍路だー!!

おおっ

お遍路さんは挨拶しあうものなのだが私はフツーの服で相手にわからないためこちらから頭を下げる

ペこ ペこ

74番甲山寺はすぐ近く

セメント工場 ココ

とてもこぢんまりとしている

納経所

すいません

「ご朱印」はもらわないがまた次への道を聞く

Chapter 7 お遍路 ohenro

「ご朱印」係

何か普通の家のような

超居間風

曼荼羅寺？
歩く道と自動車の道がありますけど
どっちにしますか？

？

あのー
歩いていくので
歩く道を…

しかし実はこの質問の意味は

この道に入る
自動車の道
端っこを歩ける（近道）
歩く道
田畑
林
田畑
寺

こういうことだったのだ

しかしまだ午後3時半
元気よく田んぼ道をエンジョイ

へんろみち

お遍路の歩く道にはところどころに道標が立っているのだが

この辺は少ししか立っておらず

しかも位置が微妙だったりする

人も少ないので動くものを見たらすかさず道を聞かねばならない

「あのースイません」

待てー

さらに噂では

地元の人は八十八カ所に興味がないしお寺が沢山あるから名前を言ってもわからない

という話だったが

この辺の人はたいていお寺の名前を言えば教えてくれた

まっすぐいって左…

「モミジきれいだなー」

CHAPTER 7 お遍路 ohenro

午後4時
72番
曼荼羅寺
到着

入ると
かんじ〜
ざい〜
ぼーさー
ぎょーじーん
すごい集団

どわ〜っ

これはバスツアーで回っている団体さんである

と来て

と帰る

どわ〜っ　どわ〜っ

これまた賛否両論

この団体さんにぶつかると

納経所はしばらく大混雑なので自分がもらうのに時間がかかるとあせるお遍路さんもいるとか

納経帳どっさり

※納経所が開いているのは午前7時〜午後5時なのでみんな早く起き夕方になるとあせるのだ

CHAPTER 7 お遍路 ohenro

CHAPTER 7 お遍路 ohenro

- 玉子焼き
- シャケ
- エビ・タコ・ワカメ・きゅうりの酢の物
- エビ・カボチャ・サツマイモの天ぷら（塩で）
- ハム
- お漬物
- スパゲティサラダ
- ごはん
- エビ・サトイモ・カボチャ・フキの煮物
- ゴマ豆腐
- にゅうめんとふ入りおすまし

あれ？エビって食べていいんだっけ？
虫はいいのかあれ？エビって虫じゃないよね

っていうかハム!?ホントに!?
ここ寺なんだけど!?

完全にハム

ハム……

お遍路さんですか？

歩いて回ってられるの？

← 団体バスの添乗員さん

> えらいねー まだ若いのに
>
> ねー
>
> あ…いえ 歩きと電車です
>
> でも始めたばっかりなんです
>
> 1番から回ってくると香川は「結願」の地なので長くやってきた人だと思われがち

> へぇ？
> でもえらいよねぇ？
> うふふ

> どこでも感じたのだが「お遍路さんに感心したい」というムードが少しある

> ビールどうですか？
> いえいえいいです
>
> お遍路中は禁酒です

> さてこの宿坊…
> 共同ですが トイレはウォシュレット！
> **羽根布団!!**
> いいのかいいのか…
> お風呂は温泉!! キレイ!!
> ↑足をもみまくっている
>
> まだまだ新しいこの宿坊ですが もっと大きいのを建て直し中です…

CHAPTER 7 お遍路 ohenro

ごはんの後、売店でお遍路特集が載っている雑誌を買った

がーん

私お参りの仕方間違ってた…

うどん情報も入手

地図に場所をきき込み明日の行程を真剣に吟味

お昼にこの駅を降りれば
ここのうどんか!!

結局夜更かししました

この日歩いた距離 約7km

次の朝は午前5時30分に起き
6時からの「お勤め」へ

上着着ても寒いなー

ここのお堂は開けっぴろげだからである

ほぼ外!

CHAPTER 7 お遍路 Ohenro

8時 出かける準備をして境内にある「五百羅漢像」を見る

いろいろな像がある

のんびりする神様

踊っているような神様

この神様にいたっては人々に何を教えたかったのか

弘法大師生誕千二百年記念
寄付などで作られている

9時すぎ 76番金倉寺へ到着 雑誌の「お参りの仕方」にならう

① 手や口をゆすぐ

② 鐘をつく

ゴォ〜ン

初めてかも…

③ 線香とローソクを立てる

常識ですがなるべく奥から

④お賽銭を入れる

⑤納め札を納める

⑥真言や経文を唱える

回向文
そのお寺の真言
般若心経
弘法大師の真言
など

私は回向文の前に「俗名○○の供養のために参りました」と言ってました
↑複数名

⑦納経所で「ご朱印」をもらう

私は省略

このお寺には「お砂踏み」があるのでこれもお参りする

←ビニールの中に砂が入っている

最初は何度も確かめつつ…

ぱっ

少しずつ慣れました

←手順の切り抜き

CHAPTER 7 お遍路 Ohenro

「お参りの仕方」は入り口に書いてあるのでそれを参考に

10時15分 次のお寺へ向かう

駅へ戻って電車に乗った方がいいのか…

電車の本数少ないからこのまま歩いた方が時間がかからないのか…

微妙な距離

地図

でも昨日も遠く思えたけど出釈迦寺から善通寺まで結構早かったし

歩きで行くことを決断!!

失敗した。

お寺とお寺の間の距離は地図と道標では差があることもある

しかも昨日の疲労が蓄積しているので1kmは同じ1kmではない

この時に疲れがドッときました…

使いもしないパソコンが重い!!

11時
77番道隆寺に
やっと到着

「眼なおし薬師」
とも言われ
目の病気にご利益があるとか

フラフラに
なりつつ
お参りし

売店で
「目ぐすりのお茶」を
お土産に購入

これを
ください……

その後
足を引きずるようにして
最寄駅まで歩き
電車に乗る

足の前半分
特に指が死ぬほど痛い

次のお寺に向かう
途中で一度降りる
目的は

お昼
ごはんに
うどん

しかしこのお店
駅から徒歩15分ほど

小盛りを
2杯いただき
ました

うまい!!

コシがもう

どう考えても
リュックが私に
合ってない…

足も痛いが

もう少しで牛歩

CHAPTER 7 お遍路 ohenro

リュックが大き過ぎて
重心が下にくるのだ

軽く感じる　重く感じる

ちょっとの違いで
大きな差です

午後1時
最寄駅に戻る
しかし

もう続けて
歩けない…

駅構内のカフェで休憩

しばらくして電車に乗り
2時に次の駅へ到着
78番郷照寺へ

いきなり
迷う

この辺道標が
あまりない。

違う方へ入ってしまい
高低のある道を
行ったりきたり
苦労する

しかも駅に戻るんだから
コインロッカーに入れてくれば
よかったのに忘れてしょって いる

帰りによーく
見てみると

誰かが正しい道を
マジックで書いといて
くれてた…

郷照寺では

← 街の方向

寺の犬

物思いにふける犬を見た

3時 駅に戻る途中でインターネットカフェへ

メールチェックなど

3時30分 駅に戻り電車を待つ

なるべく足の裏を地面につけない

3時55分 79番天皇寺へ

歩き遍路集団10人ほどを目撃

トイレいこ〜

4時25分 駅に戻る

4時40分 80番國分寺到着

松が見事

CHAPTER 7 お遍路 ohenro

CHAPTER 7 お遍路 ohenro

バックパックの選び方

自分の肩から腰までと
リュックの長さが同じものがよい

> 腰で支える
> ためのベルトも
> あるとラク!!

お遍路を終えて

楽しかった。というと語弊があるかも知れない。でも体は辛いのだが、確かにちょっと楽しく感じていた。

「旅行」しているのだから当たり前（しかもうどんも食べた）。これで修行になるのかどうかはわからないけど、歩いている間は延々と、これまでの人生などを考えていた。自分を振り返る時間にはなります。一人で行くと特に。「お遍路」を自分の成仏、功徳を積むことを願ってやる人もいるみたいだけど、私は自分のためにはできないと思う。お寺を回るより、ボランティアなどをした方がよほどいいことしてるはずだと思うので。

また、ハマってしまってずっと「お遍路」をやり続けるという通称「お四国病」にかかる人が結構いるらしい。

それほど充実感があるのです。でもすべて歩きだと相当な坂などあるので（「遍路ころがし」という）覚悟して行ってくださいね。

CHAPTER
8

内観

Naikan

2泊3日の内観修行

「内観っていうものがあるんだよ」と教えてくれたのは杏子ちゃんであった。「内観って何?」「なんかね、自分の内面を見つめるから"内観"っていうみたい。1週間かけて人生を振り返るらしいんだけど最終日には号泣したりするらしいよ」

最終日に号泣……。なんだかすごそうだ。ちょっと調べてみた。

「内観」とは、吉本伊信という人が確立した心理療法。個室または屏風の中で、両親・配偶者・友人などに対して「世話になったこと」「世話をして返したこと」「迷惑をかけたこと」という三つをそれぞれ思い出していく。子供の頃から何年かごとに区切り、それぞれ具体的な事実を調べる。このことによって自分自身がわかり、まわりへの感謝を実感する、というもの。

少々解釈が足りないかも知れないが、私が調べた限りではこんな感じ。「精神療法」としてこれを行っている病院もある。全員にではないが、劇的な効果を生む場合あるとか。やってみたい。即座に思った。

しかし、問題なのは期間。どこも1週間なのだ。ご飯もその屏風の中で食べるらしい。お風呂は1、2回。うーん、1週間も狭い空間にじっとしていたら、たぶん私は頭おかしくなるなあ……今でさえ集中力がなくて、家中を歩き回っているのに。

しかしさらに調べたところ、2泊3日でやっているところを発見した。次の問題は金額。6万。高い。んー、どうする。だけど正直、この「内観」にかなり興味がわいていた。しばらく考えた後、行ってみることにした。これからの漫画人生にも役立つかも知れないし。杏子ちゃんも誘ってみたが、彼女は行く決心がつかないらしい。なので一人で申し込んだ。

疾(や)しいことはございませぬ

朝8時半。それがこの「内観」の集合時刻であった。私はまたまた早起きをし、死ぬ思いで時間ギリギリに研修施設にたどり着いた。指示された部屋の前に行くと、男性が一人廊下に立っていた。

「ここ、内観…ですか?」

Chapter 8 内観 Naikan

私が聞くと、その男性が「そうだと思うんですけど……」と言って、一つのドアをノックした。

「はい」と出てきたのは、結構なお年のおじいちゃんであった。

「内観の方ですね？　お入りください」と笑顔で言う。中に入ると、10帖の和室。この施設に入る時にわかっていたが、全体的にかなり古い。築30年はたっているだろう。後でもう一人男性がやってきて参加者は3人。

しかし最高でもあと女性一人を入れて4人だそうで、特別少ないわけではないらしい。男性は二人とも30代半ばといった感じ。机を挟んで、先生と参加者3人が向かい合った。

さて先生の第一声。「皆さん、よくいらっしゃいました。これからから行う〝内観法〟は私がよりよいものを求めて作りだした、従来とは違う〝内観法〟です。これを受けられる機会があって皆さんは本当によかったですね……」あれ？　今の自慢かな？

「今、病院などでやっている"内観法"は十分ではないんです。何度受けても"わからない"という人がいる。うちに来て初めて"やっとわかった"と喜んでくださる人は大勢いるし、その価値は第三者にも認められていて、実用新案をとってるものもあるんですよ」

んんん？　明らかに自慢……。「内観」を初めてここで受ける私にはあんまり関係ないんだけどなあ。

「小栗さんは初めてなんですか。非常に珍しいですね」ここはあまり募集告知などを一般に向けて出してないのだそうだ。たまたま私はインターネットで期間や電話番号を見たのだけど。先生は「どこにも出してないのに一体どこで」と訝しんでいた。本当にネットだってば。

内観業界不和説

とにかく研修が始まった。まず透明ポケットが20枚ついたファイ

プリントを入れていく

Chapter 8　内観 Naikan

ルを渡される。「これから少しずつプリントを配っていくので、こ れに入れていってください」 研修の最後には、とても中身の濃い "内観"の資料ができあがります」ちょくちょく自慢げな単語が挟まれてるなあ、この人の言葉には……そう思いながらも静かに聞く。

「3日間というとても短い間ですが盛りだくさんの内容で、従来の"内観法"ではカバーできなかった部分まで扱います」どうも話を聞いていると、私は三十余年知らなかったが（ちょっと年をぼかしてみた）、世の中には「内観業界」というものがあるらしい。

先生もその一人で、学会にも出ているようなのだが、今一般的に行われている「従来の内観法」では、まったく効果がないまま終わってしまう人が数多く、それなのに「内観業界」はやり方を変えようとしないのだという。それに一人立ち向かい、新しいやり方を発明したのが自分である、という話だった。

語り口調は穏やかで（というよりお年のせいか、ゆっくりで）笑

顔なのだが、かなりの不満があるようだ。その熱い思いは、3日間にわたって随所で顔を覗かせていた。

参加者である男性の一人は病院勤務で「内観業界」を知っているらしく、先生の話を興味深げに聞いている。もう一人は「内観」を3回やったという流浪の人で、先生の言う通りそれだけやってもわからなかったと言っていた。先生は「そうだろう、そうだろう」とうなずいている。「あなたが悪いのではなく、やり方が悪いのですよ。大丈夫、うちならわかるはずですよ」はっきりと自信満々。本当にそんなにすごいものなのかなあ……。半信半疑のまま、実習に突入した。

していただいたこと、して返したこと

1 学習（先生の部屋でプリントを見ながら概念を教わる）

この「内観法」は、いくつかの部分で構成されている。

CHAPTER 8 内観 Naikan

2 内観（自分が周りの人間に「していただいたこと」「して返したこと」「迷惑をかけたこと」を思い出し紙に書く）
3 体についての内観
4 心についての内観
5 体操

「従来の内観法」は2のみしかやらないので、1週間かけてもわからないままの人が出てくるのだと先生は言う。ここでは「これからの生活にどう生かしたらよいのか」また「体や心」まで教えるのでグッと素晴らしいものになったらしい。

早速、プリントが配られて学習の時間。ここの「内観法」の特質や概念を文章や図で説明される。"明るく活き活きとした生き方" を身につけましょう」という道徳の授業的なことが書かれている。それを先生が全部読んでいき、補足説明があれば付け加える。

禅法から始まっているため、「悟り」という単語も出てくる。

印象に残ったのは、自分から10世代遡（さかのぼ）ると累計2046人がおり、30世代遡ると累計

「21474836 46人いるという話。もう下から「百、千、万でしょ……」と数えていかなければわからない単位。

その後、具体的に内観の仕方を教わる。この研修は期間が短いため、あらかじめ用意する年表があるのだが、これは生まれた時から現在までの自分の年齢が軸になっているもので、年ごとに主な出来事（高校入学・卒業など）を書いていく。

下の方には内観したい相手（家族・配偶者・友人）の年齢や出来事を書くスペース。この年表を研修に来るまでに自宅で書いてくるのだ。私も完成させて持ってきた。記憶があいまいなところは母にも電話した。そういう話を親子でするのもいいことだ、と先生は言っていた。ま、私はちょっとケンカになりそうになったのだが（ギリギリで回避）。でも幾つかの出来事を思い出せた。

私は子供の頃も最近も、覚えていることがビックリするほど少ない。自分が思っているよりもう少しアホなのかも。でも「昨日の晩

あなたが
生まれてくることを
お母さんは心待ちに
あなたのために
栄養をとっています
あなたが
生まれました
あなたのために
お母さんはお乳を
くださいます……

というのを
聞いて
すぐに
涙ぐむ私
（涙腺が弱りきっている）

CHAPTER 8 内観 Naikan

ご飯、何食べたか思い出せないのは大丈夫。食べたかどうかわからなくなった時がピンチ」とどこかの医者が言っていたので、まだセーフ。3分いただければ、食べたものまで思い出せます。でも誰にも聞かれてないので次へ。

この年表を見ながら、自分の周りにいた人に「していただいたこと」「して返したこと」「迷惑をかけたこと」の三つについて年代別に具体的な事実を思い出し、紙に書く。

「していただいたこと」
1 ○○をしていただきました。
2 その時自分は、○○と思いました。
3 相手の方の心情・動機は○○だったと思います。

以下、「して返したこと」「迷惑をかけたこと」も同様に三つの質問に答える形で書いていく。そのほか「この時間に気づいたこと」「これから○○しようと思う」ということについても書く（なければ「ない」でよい）。年代別の「年代」は相手によって区切

り方が変わる。自分にとって近ければ近いほど細かく区切る。最初に内観する相手は母親で、この時が一番細かい。

例えば「生まれてから小学校入学まで」「小学校1〜3年」「4〜6年」「中学3年間」といった感じ。研修期間が1週間だと、1年ごとにやるのだとか。母親が人生で最初に接する人間であることが多く、また関わる時間が長いからじっくりやるそうだが、やはり母親というのは影響力があるんだろうなあ。母親の次は父親、次は配偶者、その後は友人、兄弟、会社の人など自分で決める。

この内観（昔は〝身調べ〟と言った）を、参加者の部屋に置いてある個別の屏風の中で行う。参加者の部屋は先生の隣と向かいで、同じく10帖ずつ。男性は二人で一部屋、女性は私一人なので一人で使えた。押し入れに布団が何組も入っており、お風呂やトイレ、洗面台はない。なんとなく修学旅行を思い出させる雰囲気。

屏風デビュー

濃い青の屏風が部屋の隅に立てられ、中に草緑の座布団が一枚置いてあった。部屋は

CHAPTER 8 　内観　Naikan

古いけど新しいエアコン付きで、テレビとポットとお茶のパックが置いてある。掃除はちゃんとされているようで一安心。部屋の中では、寝る時以外屏風の中に座るのが基本。

ただ、他の内観法と違ってここでは食事の時はみんなで食堂まで歩くし、共同のお風呂にも行けるし、先生の部屋で学習もあるので助かった。屏風の中に座り続けるやり方は内観だけに集中するように、という意図らしいが私にはたぶん逆効果。きっとイライラして考えることが嫌になっただろう。

さていよいよ屏風の中に入る時がやってきた。屏風デビュー……。中に入ってみると内側の色はアイボリーで、座布団は大きめでなかなか座り心地もよい。早速、母親に対して「小学校入学まで」内観する。だいたい40分で思い出して書いておき、先生が面接に回ってくるので、それを発表するのだ。40分もあるというのに、私は5分で書き終わってしまった。前にも書いたように私は子供の頃の思い

出が少ないので、これとこれ、という感じで選択肢が少ないため早いのだ。ヒマだ……。

早速、お茶を飲んでみた。まだまだヒマ。ゆうべあまり寝ていないので、屏風の中で丸くなって寝てみた。猫か。しかし目覚めても先生が来ない。1時間半くらいした頃、ようやく部屋のドアが開く音がして先生が入ってきた。屏風の前まで来る気配がしたけど、その後少し間があって、屏風の端が向こうにわずかに開かれた。先生が正座で座っていて、ゆっくり深々とお辞儀。私も合わせて頭を下げる。顔を上げた先生がゆっくりと言う。

「この時間は、誰に対する、いつからいつまでのご自分を調べてくださいましたか」私の回答は「この時間、母に対する私の小学校入学までを調べました」。そしてこの後三つの課題について発表した。

寝た

CHAPTER 8　内観 Naikan

「していただいたこと」

1 兄弟3人が年子で私が末っ子だったため、私の世話がゆき届くようにと、ばあやさんを頼んでくださいました。
2 ばあやさんの家に預けられて母に会えない時もあり、自分としては寂しいと思っていました。
3 (それをしてくださった時の相手の心情は)その時はわかりませんでした。

「して返したこと」

覚えていません。

「迷惑をかけたこと」

1 友達と幼稚園のバスを待っていた時、ふざけていて友達が私を道路側に押し、道路の真ん中の方へよろけたことがありました。とても怒られました。

2 でも自分のせいではないと思っていました。

3 大変心配させたと思います。

　先生は「うんうん」、時には「ほう」と反応よく聞いていて、私が話し終わると最初にこう言った。「この"内観法"によく来られましたね。本当によい機会を得たと思いますよ。この"内観法"は最近やっと完成したもので、従来とは違い……」って、またその話かい！　気分がそがれる。思い出に没頭しようと思っているのに、現実に引き戻される感じ。

　私の話に関しては「お母さんはあなたのために思ってそうしてくださったんですね」という普通の感想であったが、おじいちゃんの笑顔で言われると説得力は増す。この後も何を言っても、全体的に「肯定的」でスポンジのように話を吸い取って帰っていくという感じであった。この面接は先生が何かを教えるのではなく「自分が気づくこと（＝悟り）」を目標にしているからだろう。

　面接の最後に、男性二人はとてもたくさん質問があったので、ここに来るのが遅れて

しまったと謝ってくれ、それから次の時間は誰に対するいつの自分を調べるかという確認をした。

またお辞儀をし、屏風が閉められ、先生が出て行って1回目の面接が終了。そして次の年代の事実を「調べて」また書き出す。3日間、基本的に毎日これの繰り返しである。

指令！ 階段は一段抜かしで

2回めの内観が終わった時、お昼になったので食事に向かう。廊下で集合後、食堂へ。内観中は自分自身のことに集中するため、参加者同士の会話は禁止。先生も必要なことしか言わない。

食堂に行ってみると、大学の学食みたいな雰囲気。実際、この施設は大学の合宿に使われることも多いらしく、この日も大勢の大学生でなかなかにうるさい。他に「民話の会」みたいな札が立っているテーブルもある。食事は自分で運んでいく方式で、先生がトレイやお箸をとって進んでいくので、私たちは全部真似をする。

今日のメニューはステーキだった。薄く、硬かったけれども。先生、ステーキ大丈夫

なのかと心配したが、一定の速度でモッシモッシと快調に食べていく。ここの食事は特別おいしいわけでもないけど、まずくもない。ただ、食器がすべてプラスチックなのが寂しいなぁ……と思った。

食事が終わって部屋へ戻る道はかなりの階段を上らなければならない。先生が「私は一段飛ばしで全部の階段を上っていきます。強制はしませんが、体のために毎日できることとして、挑戦したいと思えばしてください」と言って一段飛ばしながらグイグイ上り始めた。

私たちもあわてて同じく一段抜かしながら続く。少し上ったところで早くも息があがる。部屋に戻るには9階分くらいはあるのだが、部屋の前に着いたのは先生が一番で、息も乱さず私たちを待っていた。すごい。80歳くらいのおじいちゃんである。習慣とはいえ、なんという体力。

しかし次の日、いきなり始まった先生の「大告白」を聞いたら、

CHAPTER 8 **内観** Naikan

さらにこれが奇跡のようなことなのだ、とわかった。驚くような事実を先生はこの後、言うのである。

部屋に戻って、内観を続ける。3回め以降も、私はたいてい5分くらいで書き終わってしまっていた。子供の頃のことに限らず、私は時々今までの記憶を反芻しては、その時の周りの人の気持ちになってみたり、「こうしていたら結果が違っていたんじゃないか」と想像することがある。漫画を描いているせいかも知れない。いやそういう人間だから漫画を描いているのかも。とにかく、記憶の分量が少ないだけに持っているものはよく思い出すので、この作業はそれほど新鮮味はなく、相手の気持ちも想像ずみ。そしてそれが感謝しなければいけないものだということもわかっているつもり。新しい経験というのは、それを書いて誰かに言うということだけだった。

だけどこれが意味が無いかというと、そうでもない。どっちゃねん。あのですね、文字にしたり声に出すというのは、改めて自覚するし、感謝の気持ちが深くなるように思うのです。なのでやってよかったと感じております。

ただヒマなので、部屋の中をぐるぐる回るという挙動不審なことをし始めました。こ

ういうの、見たことあるな～。そうそう動物園の檻の中に入れられてストレスのたまったゴリラや象だ……と思いつつ。私は普段「今日宅配便が届くから家にいなければならない」ということすら苦手で、いつ何時でも自由にフラフラしたい人間なのだ。そんな私にとって、屏風の中で一日中……というよりすでに、この部屋にいなければいけない、とか出かける時は一緒にという時点で息苦しい。息苦しいからお茶を飲む。もう何杯飲んだか知れない。でも部屋にお茶のセットがあって本当によかった。パックで十分。ストレスを癒す、一杯の熱い煎茶。あーお茶万歳！ と心の中で絶賛しつつ無言でぐるぐる。そのうち壁に頭をぶつけ出したら本格的に危ないだろう。

夕方、お風呂に入る。あまり時間がないので大急ぎ。でも急ぎすぎたようで先生に「早いですねえ」と驚かれる。その後、夕食。食堂に行ってみると、おかずのコーナーに「何かのフライ3コ」の皿と「ロールキャベツ」の皿と「鶏の照り焼き」の皿が。おかしい。

全部とったらトレイはキテキテだ

とりのてりやき
カキフライ
ケーキ
おみそ汁
ごはん
ロールキャベツ

CHAPTER 8 内観 Naikan

どう考えても一品多い。それになぜ昼「肉」、夜「肉」なのか。この他に生野菜とティラミス風ケーキもあるし。私は少し考えて一番面白みの少ない「鶏照り」を辞退した。どこで食べてもそう変わらないかなと思い。

先生は躊躇なく皿を全部トレイにのせていたが、今度こそ大丈夫か。明らかに老人の摂取カロリーを超えている。心配しながらフライを食べてみるとカキだった。最近カキが食べられるようになったばかりの私にとって「3コ」は前人未到であったが、小さかったこともあり食べられた。新記録。静かに喜んでいたが、先生を見ると案の定少し残していた。そりゃ無理でしょう。帰り、また一段飛ばし。

見直したぜ、先生

部屋に戻り、また内観。体操もしてみた。しかしカロリー過多。夜になって父親に対する内観に入る。父親の場合「小学校入学まで」「小学校6年間」「中高6年間」とだいたい6年きざみ。内観しながら気づいたことがあれば、それも書いておく。

ところで夜になって、先生が屏風を開けるのには少し間があく理由がはっきりわかった。先生は屏風を開ける前にも「ゆっくり深々お辞儀」をしているのだのとまったく同じ速度。もちろん最後もそうやって去っていく。私の目の前でするのとまったく同じ速度。もちろん最後もそうやって去っていく。部屋に電気がついたので壁にその影がうつり、私にも見えたのだ。この姿には心を打たれた。誰にも見えていなくても、心を込めて頭を下げる。参加者3人の間をぐるぐる回っているのだから疲れてくるだろうに、素晴らしい姿勢だ。先生、自慢話しないでこの姿勢だけ見せるべきだよ！その方が先生の価値がわかるよ！と私は心の中で思った。

その後10時くらいになって、先生の部屋に集合。入ると布団が敷かれており、先生が考案したという体操を見る。腕を伸ばしたり、体をひねったりと通してやると10分はかかるのだが、先生はこれを毎朝起きた時やっているという。腕立てふせまでやっていた。

しかし最初から全部やろうとすると絶対続かないので、少しずつ

屏風
(この字生まれて初めて書いたような気が…)

おじぎ→
しているかな

CHAPTER 8 内観 Naikan

やるといいとのことだった。こうして体のことを考えるのも、「従来の内観法」とは違うのです！ この日はこれで終わり。部屋に戻って布団を敷き、寝る。明日は5時起き。でも遅れると嫌なので携帯のアラームを4時半にセットする。大人しく寝ようと思ったのだが、ついテレビで大好きな「恋のから騒ぎ」をちょっと見る。テレビは本当は禁止です。その後就寝。

朝4時半、アラームが鳴った！ と思って飛び起きて電気をつけたら午前2時半だった。携帯のアラームをセットしたのは初めてだったこともあり、緊張していたらしい。もう一度寝る。それでも早めに起きて、ポットのお湯を入れ替えに行く。本当は食事に行くついでにお湯を入れるように言われていたのだが、どうしても今飲みたかった。

誰にも見られず部屋に戻ってこられて、早速一杯。お茶万歳！ 一人で喝采、あっ、またラップ調に。日の出前、畳の部屋で一人へ

たくそラップ。淋しい。

5時になり、布団をあげ洗面などして、5時半から内観の続き。それほど眠くはない。面接の最後に「あのー、部屋の中をぐるぐる歩き回りたいんですけどダメですか？」と聞いてみる。「うーん、本当はダメなんですが、まあいいでしょう」やったー。これで堂々とぐるぐるできるぞ。

しばらくして朝食へ。朝食の前に外を少し散歩。早歩きなどするのだがここでも先生はブッチギリの早さ。すごい。

問題勃発！ 先生 vs. 小栗左多里

午前、最初は先生の部屋で学習。「内観の技法」や「どうやって実生活に生かしていくか」「理想の生き方」など。やはり非常に道徳的、または神様のいない宗教的な趣き。しかし、ここで少し問題発生。先生が「私は企業などのためにコンサルタントもやってきましたが、いつも大変に喜ばれて、契約以上のお金をいただくこともよくあります。人間、よくされたらそれ以上に返したくなるものなんです。何度も多くいただいたこと

CHAPTER 8 内観 Naikan

がありますよ。頑張れば結果は出るものなんです」と言いだしたので、つい私は反論してしまったのだ。「一生懸命やって、それがよい結果になっても、自分のところに反応が返ってこない場合だってあるんじゃないですか？　でも、自分の目に見えなくたって、よくしてあげた人は私じゃなく他の人によくすることで感謝を返そうとしているかも知れないですよ。仕事じゃなければ、そもそもお礼を期待するのは間違っていると思います」

先生は「いや、お礼は期待してないですよ」「でもお礼がたくさんもらえたって言うってことは、そう意識してるってことじゃないですか？」「いや違います」と、こう書くと大したことではないのだが、ちょっとした討論になったのだ。

先生は前から「このシステムをよくしていくために、何か気づいたことがあったらどんどん言ってください」と言っていたのだが、少々ムッとしている様子。でもね。私は自分が指導する立場なら

(お湯かえの途中)
暗闇にたたずむ
警備員が！！
(寝ずの番)
ヒッ！！

「お礼が自分に返ってこなくても怒るな。どこかで回り回っているかも知れないよ」って言うんだけどなあ。

よりよく生きていくために必要な情報

その後、また屏風の中で内観。母親も父親も、いいことばかりを思い出し「してもらったこと以上に、自分はまったく返せていない」という思いが強くなる。それは三つの項目自体がそう思うようになっているから当然といえば当然。

しかし先生いわく、前に参加者に「なぜ"迷惑を受けたこと"という項目がないのか」と聞かれたので、試しにその人にその項目で内観してもらったのだそうだ。するとしばらくして「やっぱりこれはやらなくていいですね」とその人が言ったという。過去に嫌なことをされた時のことをどれだけ思い出してみても、「これからよりよく生きていくために必要な情報にはならない」と感じたらしい。

確かに、家族や身近な人間に対して「恨み」や「怒り」の感情を思い出すことは、マイナスにはなりこそすれ、プラスになるとはあまり考えにくい。実は私は、内観の「ゴ

ール」は早いうちから見えていると感じていた。「自分が周りに生かされている」という感謝。結局、これではないだろうか。周りに感謝し、自分のことを振り返り、気持ちを行動に変えて返す。これがうまく回りだすと理想的なのではないかと思う。

ただ、その感謝の念が自分の生活を変えるほどに実感できるかどうか。それは内観のやり方、個人の資質によって違ってくるんだろうけれど。私は心から尊敬するお坊さんがいたくらい仏教的な考え方を持っていたので、内観の考え方は共感できるのだけど、「何事も感謝」という教えに慣れてしまっているだけに（実際できるかどうかは別にして）、「こういう時はこう思うべき」という模範解答みたいなものをたぶん持ってしまっている。それが逆に新たな「気づき」を阻んでしまっているのかも知れない。ここへ来ても今まで自分一人で思ってきたことの範囲を出ていないのだ。

ところでこの回の面接の時、先生が「先ほどの小栗さんのお礼に

関する意見、私も幅広く考えるきっかけになりました。ありがとうございます」と穏やかな顔に戻って言った。しばらくたつと大丈夫らしい。

昼食の時間。相変わらず量が多い。揚げ物、焼き物、煮物すべてがのっかったりしている。いつも出されたものは残さないようにしているけど、もう絶対無理。少しずつ残してしまう。すでに太った気がしてきた。これではいくらぐるぐるしても追いつかない。

でも粗末でもなくまずくもないことに感謝。こういう生活では、ご飯を食べに来るのは嬉しい気分転換だから。

午後、引き続き内観。父親の亡くなった年までやった時は、少し泣いてしまった。私は一人部屋なのでよいが、男性二人は屏風でしか区切られていない空間で大丈夫なのかなあと、人ごとながら心配になる。名字しか知らない他人だが、プライヴェートが洗いざらいダダ漏れなんである。私ならちょっと耐えられない。杏子ちゃんが

来なくてよかった。たぶん、お互いに。友人と一緒の部屋だと、よけい正直に言えない気がする。

夕方、お風呂と食事。もう食えん。

先生、撹乱作戦

その後、人に対する最後の内観。私の場合は配偶者。これは二つの期間に分けて「調べた」。私が配偶者に対して「とても感謝している」と言うと、先生は「では、その気持ちを言葉で表していますか?」と、「表してない」という答えが前提のように聞いてきたが、「はい、"ありがとう"も"感謝してる"も言ってます」と答えると、先生「ほー、すごいですねえ。私なんか、最近やっとです」って、お——い。指導する立場ではないか。

しかし最後に、いきなり先生が困ったことを言いだす。私は、年表に「漫画家としてデビュー」と正直に書いていたのだが、それを見て先生が「小栗さんの漫画に興味を持

ちました。よかったら題名など教えてもらえませんか」と言いだしたのだ。私はこういうところで"漫画家"という理由で特別な興味を持たれるのが苦手。お坊さんに対する期待も高いが、こういう「人を指導する立場の人」に対するそれも同じ。私が漫画家であったって「それがなんですか」くらいの態度でいて欲しいのだ。でもずっと顔をつきあわせていて、面と向かって言われては断りづらく、名前と本のタイトルを一つ紙に書いて渡してしまった。あーなんで教えるのか自分。直後に大後悔。（取り返さねば……）と決心した。

9時くらいに先生の部屋に集まり、体に対する学習。健康の大切さや、体に対してする内観の仕方の説明など。この時、先生がいきなり「告白」し始めた。「実は私、重篤（じゅうとく）な病気なんです。しかも末期にかなり近い状態です。一度は医者に"余命一年半"と言われました」

言葉をのむ参加者一同。「でもその時、"これは大きな試練を与え

られたな。なんとか頑張ってみよう"と思って、ありとあらゆる医者の書いた本を読みました。そして一つの病院を見つけ、そこに通い始めたんです。その医者も同じ病気で余命3カ月と言われたけれど、自分で調べて奇跡的に回復し、同じ治療を多くの人に施しているんですよ。私はそこへ行っているおかげで、まだ生きています」

し、信じられない……。階段一段飛ばしの、顔ツヤのよい、なんでも食べるこのおじいちゃんが、そんな重篤な病気!? でも本当なのだった。先生は血液検査の結果も持ってきているのである。「あまり元気なので自分でもそろそろ治ってないかなと思うけど、やっぱり治ってないです」と笑っている。これは素直にすごいと思った。誰にでもできることではない。

この人、口だけではないんだなと思った。いや疑ってるわけじゃなかったのよ。一日でも長生きして欲しい。心からお祈りします。って合掌するのもいいけど、まだ私の問題が残っている!

衝撃の告白の後、しばらく学習に戻った。最後に先生が「何か質問ある人は個別にでも受け付けますよ」と言うので早速「あの……ちょっとお話が」と手を挙げた。

男性二人は部屋に戻り、先生と二人になってから切り出す。「さっきの紙……返して欲しいんですけど。私、自分が何者か先生にわからないからこそなんでもいろいろ言えるのに、本とか読まれて私のことが知られたりするの、嫌なんです……」

私がそう言うと、先生はさっきの紙を挟んであったファイルから取り出したが、そのまま「そうなんですか……。でも私は小栗さんと話してきて、素晴らしい方だと思い、興味がわいてきたんですけどねぇ」などと言いつつ、紙をじっと見つめている。

ひょ、ひょっとして私に返す前に記憶しようとしてる？

「あの、すみません、お願いします」と返してくれた。「では……そんなに苦しめているとは思わず、申し訳なかったですね」と重ねて言うと「ありがとうございます」しか！　私が今これで部屋を出てしまったら、先生は記憶したことを紙に書き留めるかもしれない！　記憶がなくなるまでいろんなことを話して先生の脳内を攪乱(かくらん)しなければ!!

と思いたち、内観のことなどについて質問しまくった。先生は丁寧に一つずつ答えてく

Chapter 8　内観 Naikan

れて、「小栗さんは本当に熱心で素晴らしい」とほめてくれた。先生、すまん！

1時間近く話した後、自分の部屋に戻る。この作戦が成功したかどうかはわからないが、今できることはやった。なんだかすがすがしい気持ちで寝た。

厨房にもの申す

最終日。また4時半に起き、ポットのお湯を替えにゆく。6時から、体に対する内観。人生を自分で三つくらいに分けて、その年代の体調を「調べる」。私の場合「0〜18歳（実家）」「19〜28歳（一人暮らし）」「29歳〜現在（二人暮らし）」に分けた。項目は「体調」「食事」「運動」「睡眠」など。この一つ一つに対して「正常であったか」「前向きであったか」などの事実を「調べる」。「体調」「食事」はまだしも、「運動」「睡眠」はどの時代もよくなかったような。も

ちろん反省。でも直せるという自信はない。

朝食。焼き魚、佃煮（つくだに）、海苔（のり）、納豆など。生卵辞退。

その後、先生の部屋で心に対する内観の学習。内観の仕方の説明など。また自分で年代を三つに区切り、「客観性」「向上心」「安らぎ」という項目について、それぞれ「正常であったか」「前向きであったか」など細かく「調べる」。

書き出していってみると、今が一番心の調子がいいように思う。この心に対する内観は、普段何かあった時にやってみるといいと言われた。この内観が最後。

昼食。先生が「内観の実習が終わりましたので、これからは自由にお話しして結構ですよ」と宣言。和やかムードが流れる。男性二人は結構気が合うらしく、仲良く話し始める。メニューは「カツカレー」「肉じゃが」「サラダ」「コーヒー牛乳」。最後まで多い。「カツ」に「カレー」なら「肉じゃが」はないだろ、と厨房にツッコミの一つでも入れたいところだ。しかし大学生チームはこの上お菓子も食べたりしてるんだろうな―。若

CHAPTER 8 内観 Naikan

いって素晴らしい。

みんな、ありがとう

最後に先生の部屋に集まり、今までの生活の採点表や、これから実行する「約束」を決める。具体的に決めて実行していかないと生活は変わらないし、変わらなければ内観した意味がないから、だそうだ。「母」や「体」と「心」に関しても、相手を決めて二つ以上、やることを決める。そのほか「体」「配偶者」など、相手を決めて二つ以上、やることを決める。希望者はこの先１年間、その約束が守れたかどうか先生と連絡しあう。私は希望しなかったのでこれで終了となった。

しかしここでまた……問題が。

「約束」を書く紙などと一緒に、先生は「実用新案登録書」までコピーして配ったのである。「あのー、このコピーにはどんな意味が……」「だから、内観法の価値が第三者にも認められたという証明です」

ん―、実用新案取ることと、この内観の価値は問題が違うんじゃないかな？　例えば

ラーメン屋さんが客寄せのために「実用新案登録の製麺法！」とチラシに書くのはわかるけど、もうお店に来てるお客さんに「実用新案登録取ってるからうちのはおいしいよ！」と言っても、「いや今自分で食べて決めるから」って話でしょう。

そのお客さんがおいしいと思って初めて価値が生まれるのではないだろうか。私がそういうことを言いかけたら、先生が「じゃあ小栗さんはいらないかな？　欲しいという人にあげるのいいですよ」とムッとされたのでコピーを返した。

本当にいらないからいいや。「芸術の世界とは価値観が違う」的なことも言われたが、反論すると話が長くなるのでやめた。もう早く帰りたかったのだ。

最後の最後に感想を話し合い、「提案があれば……」と言われたので「いろいろ思い出せるように写真や手紙を持ってこられると、もっといいと思う」と言った。男性には「おー確かに！」とウケた

CHAPTER 8 内観 Naikan

が、先生の琴線には触れなかったようで、笑顔で流された。「過去に内観3回」の流浪の人は、先生が初日に宣言した通り「やっとわかってきました」と大納得している様子だった。それは本当によかったなあ。

男性二人はどちらも優しそうな感じで、先生の自慢話にも「ほーう、すごいですねえ」といつも驚いたりうなずいたりしていた。私がヤな奴なだけなのか。すみません。

しかし、人間っていろんな研鑽を積んでも「自己顕示欲」はなくすのが大変なんだなあと実感した。それが「生きる意味」「自己肯定」につながるからなのかな？　「他人に認められる」ということは重要だろうけど、自分で言うより、行動で表した方が何倍も尊敬されるんではないかと思うんだけど。

まあこれも言うのは簡単、やってみると歯がゆくて「えーい、見て見て私のすごいとこ！」とベローンとしたくなるのかも知れない。

先生はすぐに機嫌を直してまた元通りになったので、最後に握手して解散した。
あ～～長かった。これでやっと自由だ！　檻を出た私は周りへの感謝を抱えつつ、夕暮れの中、家に向かった。

Chapter 8　内観 *Naikan*

内観を終えて

意外と辛くて驚いた。

行く前は「精神的に辛いのかな」と思ったけど、どちらかといえば「部屋に閉じ込められた」のがしんどかった。

屏風の中で一日中、というのは私には耐えがたい。しかし改めてこれまでの人生を振り返ってみるのは確かに意味がある。

探せば日帰り体験させてくれるところもあるみたいだけど、でも一日だけだと本当に形式だけになるような気がする。

家でも時々、自分が「してもらったこと」を思い出してみるといいかも知れない「やられたこと」ではなく！。それにしても「内」というより「外」を観たという印象。「外」によって「内」ができあがってくるということなのだろうか。感謝することが多い人生は素晴らしい。

出来事を読み直してみることで感謝が増えたらもっといい。

おわりに

修行に行って始まったのは、雑念との戦いだった。

多くの修行は「雑念を払う」ことに命を懸けている。

しかし皮肉なことに修行をしてみて初めて、いかに自分が雑念の多い人間なのかがわかったのだ。多いどころか、雑念の湧かない瞬間なんてない。もう雑念が息をして、ご飯を食べているようなもの。

これを書いている今だって、文字を打ちながら「このパソコン、ちょっと変な匂いする……」と思っているし、お風呂上がりのため生乾きの髪が気になってもいる。って、これは集中力の問題か（しかし「雑念が多い」と「集中力がない」はほとんど同義語だと思う）。

結局、こういう「雑念」の部分が個性ではないのだろうか。同じ景色を見ても感じることや考えることが違うのは当たり前。その違いが個性で、つまりは「雑念＝私」なのではないのか。

修行はこの雑念を払い、自分を透明の入れ物にするような感覚なのだ。難しい、と同時にちょっと怖いことでもある。これだけ私の脳内にうずまいている雑念をどかしたらどうなるのだろう。雑念を払った先に何があるのか。見てみたい気持ちは本当にあるのだけど、まだ見たことはない。

それから懸案の「幸せ」問題。

修行の途中、座禅を組みに行ったお寺で気がついたことがある。お寺にいる人が誰一人、幸せそうな顔なんてしていないのだ。長年修行している人も、幸せどころか世界中の不幸をしょって立ってるみたいな感じである。どう考えてもその辺で犬を散歩させている人の方が幸せそうだ。

しかしその犬が死んだ時、飼い主は多いに嘆き悲しむだろうけど、修行者は「命はいつか終わる」と冷静に受け止められるかも知れない。修行をしていくと、そうやって「心の波」が振れなくなっていくのだろうと思う。

それは、幸せなのか。

私は修行をしていくうちに、ある言葉を思い出した。

「幸せとは、心の強さのことである」

これこそが、真実なのかも知れない。貧乏だったり辛い状況であっても「幸せだ」と笑っていられる人もいれば、お金持ちでも満たされないまま生涯を過ごす人もいる。

結局、「幸せ」とは条件ではなく、どのような場所にいてもそれを「幸せだと思えるかどうか」だけにかかっている。

「幸せだと思えるか」は言い換えれば「感謝できるか」だと思う。「感謝する心」、つまりそれが実は「強い心」であり「足りない何か」なのではないかなあと。私は思ったのでした。

本当は気持ちを切り替えればすぐそこにあるはずだけど、なかなかできない。

「感謝する」って、当たり前に言われすぎていて普段は心を通り抜けていってしまう。修行は、少なくともその気持ちを思い起こさせてくれる。

しかし人は病気になったら健康の有り難さを実感し、災害にあって初めて普段の暮らしが恵まれていたのだと認識するもの。あるいは生活が大変であれば、修行どころではない。というか生活そのものが修行とも言える。わざわざ修行しにいくというのは、と

と、私の修行の動機が「幸せになりたい」だということで、「幸せと修行と私」みたいな文章になってしまいましたが、まったく違う気持ちで修行に挑む方もいらっしゃると思います。

どんどん、頑張ってください。そして、本当のところどうなのかはご自分で感じて下さい。ただ当たり前のことですが、礼儀や作法も修行のうちですし、また遊びでもありませんので、その場の決まりや指示には必ず従ってくださいね。

最後には勝手に「係の人」みたいになってしまいました。

そんな私も幸せに感謝しつつ、また修行に行きたいと思っています。

この作品は二〇〇四年六月小社より刊行された『こんな私も修行したい！ 精神道入門』を改題したものです。

プチ修行

小栗左多里（おぐりさおり）

平成19年8月10日　初版発行

発行者――見城徹
発行所――株式会社幻冬舎
　〒151-0051 東京都渋谷区千駄ヶ谷4-9-7
　電話　03(5411)6222(営業)
　　　　03(5411)6211(編集)
　振替00120-8-767643
印刷・製本――図書印刷株式会社
装丁者――高橋雅之

万一、落丁乱丁のある場合は送料小社負担でお取替致します。小社宛にお送り下さい。
定価はカバーに表示してあります。

Printed in Japan © Saori Oguri 2007

幻冬舎文庫

ISBN978-4-344-40986-6　C0195　　お-28-1